U0085793

滄海叢刊

當代中國與民主

周陽山 著

1986

東大圖書公司印行

中華民國七十五年十二月初版

© 當代中國與民主

基本定價伍元叁角叁分

著作者　周陽山
發行人　劉仲文
出版者　東大圖書股份有限公司
總經銷　三民書局股份有限公司
印刷所　東大圖書股份有限公司
臺北市重慶南路一段六十一號二樓
郵撥：〇一〇七一七五一〇號

版權所有
翻印必究

行政院新聞局登記證局版臺業字第〇一九七號

自序

一九八一年八月下旬，我退伍返家，三天後就來到紐約的哥倫比亞大學，由一個「從臺北看世界」的好奇大學生，走向「從世界看臺北」的異樣歷程。

過去五六年，我和絕大多數唸社會科學的留學生一樣，經過了許多「現代科舉」的洋八股歷程。在堆積如山的教材、報告和試卷中，準備了做爲一個知識從業者的基礎工作。這段歷程緊湊而繁瑣，成果卻因人而異。不少人在日後有了傑出的成就，也有人枉費了多年的爬梳，只剩一個空頭的學位名銜罷了。這種現象直接影響到中國學術界的空疏荒蕪，並造成社會上普遍存在的「學位至上論」（或稱「現代科舉崇拜論」），流弊嚴重。

我自己生長在這樣的環境中，內心深覺痛惜。但也深知，如果自己不通過這樣一條外貌相似的道路，並賦與它堅實的內涵，則未來學術文化的發展，仍將陷入另一惡性循環之中，而下一代中國知識工作者所面臨的困境，也將像我們一樣，是「知統淡薄，收拾不住」的。

但是，此處所謂的「知統」，並非狹義的「道統」或「儒門」，它是基於對學術研究尊重的前提，在知識領域裏累積形成的統緒。這種成果最後還要經過其他人實驗或實踐的工夫，才能做出最後的評斷。我們應該強調知統與學統的獨立性，弘揚傳統大儒的獨立不屈精神，以抵拒外在環境的各種干預，基於此，必須鼓舞社會培養適度的「崇智論」，其所推崇的重心應該是知識的獨立自由與內在標準。另一方面，我們也必須清楚認識到知識分子本身角色的局限，尤其生活經驗的狹窄，如果過度推崇他們的見解，甚且以爲足以指引整個社會的走向，那就無異流於烏托邦思想了。

在上述意義的界定下，我整理了過去幾年發表過的舊作，從百萬言中選取了近二十萬字相關的論題，結成「當代中國與民主」這本書。希望有心的讀者能在「崇智論」的前提下，了解我一再強調知識自由與民主人權的初衷，同時也能對我個人的一愚之見提出批評。

在上述的自省之外，首先將本書獻給父母親，感激兩老多年的養教之恩。其次，對妻子良瑩的關懷及協助，深致謝忱。另外，感謝多年來的師友們，包括臺灣大學的胡佛教授、威斯康辛大學的林毓生教授、俄亥俄州大的張灝教授、哥倫比亞大學的黎安友教授、韋慕廷教授、白思鼎教授、天普大學的傅偉勳教授、紐約州大的黃默教授、芝加哥大學的艾愷教授、好友朱雲漢、王克文、林鎮國、孫中興、杜念中、陳弱水等，他們在本書的編寫過程中惠我良多。

最後，我要特別感謝二哥玉山多年來的支持，沒有他的安排，本書是無法如期出版的。

周陽山

一九八六年秋於紐約

當代中國與民主 目次

第二輯　民主與中國大陸

第三輯　民主與自由中國

第一輯　知識自由與民主人權

中國知識分子的學術困境與抉擇

每年學期伊始，美國許多著名大學便湧進了大批的中國留學生，他們求學的目的，有的是基於未來就業與出路的考慮，有的則是出於對知識眞誠與興趣，也有人則是兩者兼而有之。但是由於中美文化環境上的差異，知識專業化與學術分工的情況不同，以及美國各校各系的專長相異，使得中國留學生無可避免的將面臨知識專化與窄化的困境。無論他們將來是留在海外，或回到國內，都不易避免將自己所知所學作普泛推衍的困境，其結果是，或則是侷限了自己的問知之途，或則是將一門學問中的一個學派的觀點，作了過度的推廣，形成了知識觀點專斷化的現象，同時也囿限了日後的知識景觀。

邊陲與中心的依賴困境

從中心與邊陲的角度觀察，西方世界（尤其是美國）由於控制了政治、經濟、社會及文化上的大量資源，使得缺乏這些資源的發展中國家及落後國家的邊陲處境始終難以擺脫，在知識的傳遞上，西方國家也透過留學生、訪問學者與各種學術交流的途徑，將「中心——邊陲」的關係納入正常的運作系統，但是對於邊陲國家而言，採取閉關自守抗拒政策，不但不能增加或促進國家的獨立發展，反而由於內部資源不足或枯竭的關係，造成更嚴重的孤立噩運。對於目前仍處於國際中邊陲角色的中國人而言，甘於文化殖民地處境者恐怕仍屬少有。可是，主觀的意願是一回事，實際上如何擺脫此一命運，仍有待仔細的反省與努力。從中國近代史上，我們益能看清此一問題的嚴重性。

在五四時代前後，中國知識分子引介西學的努力可說是不遺餘力，諸如胡適介紹的杜威實驗主義，劉師復介紹的無政府主義，乃至陳獨秀等引介的社會主義等等，都曾在中國知識界各擅勝場。但平心而論，胡適對杜威的介紹是片面的，對於西洋近代文明的了解也是枝節的，而直到今天，中國知識界對於西洋近代文明的特質，如民主、法治、個人主義、資本主義精神及理性精神等，也仍是了解不足，甚至充滿誤解的（諸如「民主卽民本」、「個人主義導致社會不團結」、「法治卽法制」等似是而非的觀念）。至於陳獨秀及中共理論家對社會主義的介紹，更是粗陋無比。姑且不論毛澤東對馬、列的誤解，卽如當前中共反精神汚染中，對馬克思異化論的排斥，對馬克思「一八四四年手稿」的排拒，乃至對西歐「批判學派」、對東歐馬克思人文主義運動等的漠視，就可看出官方意識型態乃是孤立於當代世界的。不管從右翼保守觀點，將這些對馬、列思想的反省與探索視爲左翼陣營裏的一丘之貉，或者從左派教條觀點將這些研究視爲修正主義，都只反映了在知識荒蕪下的貧血。但是，上述對西方自由主義及社會主義思想制度研究上的缺憾，以及對各種政治、社會、經濟、文化以及區域性知識（如蘇聯研究、拉丁美洲研究、非洲研究）的隔閡，正是近代以及當前中國知識分子所亟需矯正的現象。從目前中國留學生的學習態度與求知之途看來，這些困境都是不易避免的。

學術理路趨向窄化專化

首先，大部分的留學生都是從頭到尾，在一所大學的一個科系裏，跟隨少數的幾位教授學習的。在學術分工與學派（或主導理論）分立的情況下，留學生們只學習到了整個知識系統中很狹隘的一些解釋方法與觀點。例如當前研習經濟學的研究生中，許多人只知道如何應用計量及數學方法，解析問題，而對第三世界的發展理論諸如拉丁美洲的「依賴理論」或蘇聯、東歐乃至西歐的區域知識，則不甚了了。一旦他們回國擔任起教學與研究工作，這些狹隘的學術觀點，可能就會被擴大成未來中國知識界的一種主要觀點了。

其次，由於專業化趨勢，使得留學生對於非他所專長，但卻甚爲相關的其他知識領域甚爲隔閡，譬如，如果政治學者缺乏對政治哲學及理論的基本知識，同時對這些學科的發展動態亦不關心，則勢將難以擺脫學科的囿限，提出深刻的洞見。同樣的，缺乏對西方以外的區域知識的了解，也勢將無從就比較的眼光，對中國政治的發展問題，提出精銳的觀點。這些泛科際、泛文化的分析觀點，往往不是在一個學派或一種主導理論的訓練下所能完成的。因此，對於當前習於知識分工，習於用少數的分析觀點討論問題（尤其是討論小型問題）的博士班研究生而言，要在知識分工不專精、知識人口相對稀少的中國社會裏發言，可能會造成以單一理論涵蓋整個學科觀點的謬誤。譬如說，在當前臺灣的社會科學界裏，結構功能派與「現代化理論」仍是主導觀點，但是對於其他重要的觀點與流派，如帝國主義論、依賴理論、結構主義論、批判理論、現象學理論乃至詮釋學等觀點，則鮮有認識。如果在美國的中國知識分子不能察覺國內學界的此一困境，從而在知識觀點上採取多元吸收的態度，則日後回到國內時，很可能也會發生謬誤，將單一知識觀點視爲唯一的知識權威來源了。

應作自我反省和批判

上述的現象，卽使是美國本身的知識分子，也往往不易避免；但由於美國的知識分工日趨細密，而且有許多精銳、博雅的學者可以做較高層的批判及整合工作，因此就整個知識界而言，專化與窄化的情況並不嚴重。但由於中國學者中具有這樣高度整合能力的人仍甚有限，因此專化與窄化的困境，實應亟力避免。由此可知，加深知識的視野，開闊學術的胸襟，並對中國經驗做實例的反省，當爲海外中國知識分子當前最大的課題所在。

留學生涯的困境與出路

每年夏秋之際，美國各大學新課程又告開始，各地的學生蜂湧而來，爲校園增添了更多色彩。其間，成千上萬的中國留學生正準備在此地開創生命的另一段歷程。多年的黌宮生涯對大多數的莘莘學子而言，固是智力、耐性與毅力的考驗，但是，與此同時，這段留學生涯卻也像象牙塔一般，對生活與學術經歷不豐的留學生們也構成了嚴重的囿限，甚至將圈住他們的眼界，使其難以伸展。

欲拒還迎看美國

我們此處所指的困境與局限，主要是就中國學生對美國的認識而言。今天，無論來自臺灣海峽兩岸那一邊的留學生，在來美國之前，對美國以及整個西方世界的了解可能都是極爲片面，甚至充滿歧見與誤解。一方面，他們缺乏人文與歷史的知識，未能從廣濶的時空角度上了解美國文明的背景；另一方面，他們不易撇開價值的色彩，不易運用社會科學的知識工具，就美國當前政治、經濟與文化的現狀，作理性的反省。其流弊所及，一方面，是輕易認同於美國文明的表象，屈從於金元王國的價值觀，變成見利逐波的文化邊際人。另一方面，則採取排拒的立場，對美國文明以簡化的通則加以解釋（如物質文明的墮落、庸眾政治的腐化等），最後，則完全無視於美國文明的優異之處，而以犬儒心態否定一切。

當然，上述的兩種基本心態並非截然對立的。事實上，我們可以在許多人身上看到這兩種心態的雜揉現象。譬如，在談論美蘇對抗時，許多人認為美國之所以從優勢轉趨劣勢，是因美國人太過天真，而其根源則是因為美國只有兩百年的歷史，加上環境優異、生活舒坦以致目光淺短，論事只圖近利，不求遠慮。至於越戰之所以失敗，也在美國人過分天真，不知與共產集團應作殊死決鬥。甚至認為美國新聞界與外交圈中，左翼分子與共諜興風作浪，誤導民意，惡化阮氏政權的形象，方使得美國為德不卒，將越南戰場拱手讓與赤色政權。關於上述的說法，固非全無道理，但卻完全忽略了美國民主的運作程序及外交政策的制定規則。其最大的缺漏，卽完全以一元式的設想強加於一個多元的社會。但是對於美國外交政策中世界觀的演變，外交決策的立法及行政過程，以及對美國內政的關注焦點，都缺乏深入的了解。這種論證所反映的，是一種比美國決策者更狹窄的世界觀與國際知識，同時，也是對美國本身的缺乏了解。

今天，在留學生中，我們很普遍的可以聽到類似上述種種對美國的看法，但是，在另一方面，留學生羣中又普遍出現對美國文化認同的趨勢。在生活的逼迫與環境的壓力下，留學生競以習會計、電腦、工商管理爲尙，大家一方面瞧不起美國在長遠問題上的短視，另一方面又默默覺得美國文明提供了較多的安頓與依賴。這種矛盾的心態雖然情有可原，但卻顯出留學生在知識、生活與交遊圈上嚴重的窄化現象。

不哭不笑求理解

對於大多數的中國留學生而言，他最熟悉的一面只限於自己所處的學校、科系和他的指導教授與任課教師。除了他所習的專業以外，他們接觸最多的知識與文化媒介就是留學當地的報紙和電視了。除了短期的旅遊機會外，他們的整個生活空間就是留學所在地的一角。在這樣的處境下，我們自然很難期待一個留學生在三、五年甚至更長的時間內，對美國的大時空環境有根本的了解。於是，我們看到一般的留學生，在認同美國的物質文明時，很少同時去反省存在美國一般中產階級身上的西方文明精神。我們很難了解美國人對信用（Credit）、節儉、男女關係、個人權利與隱私的重視。我們也很難了解美國人爲何對人權、法治重視至此，卻對自由世界戰勝共產主義不甚關心。甚至，在面臨種族問題時，一般留學生也顯示出矛盾的心態來。在情緒上，似乎普遍對黑人與波裔深具反感，但在理智上，又深知若無少數民族的爭取，華人在美地位將更形低落。其結果是，一會兒站在白人的立場上斥責黑人，過一些時候，又暗自感到白人種族主義的歧視與威脅。

我們提出以上的問題與現象，並不希望提出立即與充分的解答。相反的，我們卻想藉此提醒各地的留學生，在狹窄的生活圈和時空環境中，多作一些反省與思辨的工作。如果我們不多與美國學生交往，不理解他們的成長歷程，不多與來自歐洲及第三世界國家的留學生深談，我們的世界觀與文化觀勢將殘缺不全。如果我們不主動的閱讀歷史、文化與社會科學的讀物，也一定無法了解在許多科技表象後的精神背景。總而言之，如果我們想逐漸了解美國，並藉以反省中國問題的困境與癥結，非擴大知識圈、交友圈與生活圈，否則將難以爲功，亦將永難脫離井蛙語天的困局。

解決的關鍵在：撇開成見與自滿，在廣濶的文化與知識天地上，仔細看美國，深入看自己，回頭看祖國，而思有以報之！

晏陽初先生的志節與風骨

一九八三年十月十六日下午，我在紐約拜謁了素所景仰的晏陽初先生。對於國內的青年而言，晏先生也許是一個陌生的名字，但是在近代中國史上，晏先生卻代表了一個知識分子的偉大典範。從一九二〇年起至今，整整六十多年的時間裏，晏先生都在爲中國及全球的平民教育與鄉村建設運動而努力。直到九十大壽的前夕，他仍孜孜不倦地思索著鄉建運動的未來，爲了了解這位一代偉人的奮鬥歷程與人格風骨，並向其九十大慶敬致賀忱，我乃根據各項有關的研究資料與傳記文獻，請晏先生回到這六十年的歷史裏去，我也試圖根據他的人生觀與終極信念，探索這位長者始終堅貞如一、奮鬥不懈的意識根源。

一九一八年夏天，晏先生自耶魯大學畢業後兩天，立即赴法國，爲不識字的華工代寫家信。當時他深感中國民眾嚴重的文盲問題，唯有賴平民教育運動始克解決。一九二〇年，乃毅然開始了平民識字教育的工作。工作先在城市進行，一九二三年，平民教育總會成立，乃籌備鄉村建設與民眾教育計畫，兩年後，在河北定縣付諸實施，開始近代中國第一次大規模的平教與鄉建運動。

在定縣十年的實驗中，平教總會始終是以微薄的經費勉力進行各項計畫的，而平教會的同仁，完全抱著吃苦的精神，和鄉間的老百姓同甘共苦。究竟是什麼原因，讓這批高級知識分子——其中許多是留學歸來的碩學之士抱著這樣的精神和毅力，堅持下去的呢？晏先生的回答不由得使我們感佩。他說：

「幾千年來，中國知識分子往往有高人一等的幻想，他們總以爲『萬般皆下品，唯有讀書高』，也自以爲『秀才不出門，能知天下事』，但是，他們卻對千千萬萬農民的苦難，不聞不問或不知其究竟。或許，他們知道農民的確吃苦，但是，究竟吃怎樣的苦，要怎樣解決，卻不知道。他們從不想到要在親歷其境後，才能了解，才能發掘問題，也才能尋求解決的辦法，試想，如果一個醫生不親眼看到病人，隨意開藥方的話，那是多麼危險的事啊？我們中國許多談治國大事的人，卻從來不接觸一個農人、一個平民，只憑著一些書本上的知識，或從西方搬來的東西，隨意的衍申一番，就胡亂的對症下藥了，這是多可悲而可憐的事啊！但是，多少的大官員和知識分子，習以爲常，依然故我，結果是，中國的苦力仍然在那裏過著苦日子，而都市的閑貴階級，卻永遠過著榮華的生活。到最後，中國的問題，中國農民的苦難，未嘗一日稍歇。對中國的知識分子來講，這眞是一件對不住良心的事啊！

「因此，我們平教會的人，就抱著謙卑的心，到鄉下去學習了。我們不是以學者的姿態去，而是以一個學徒的心情，虛心的去向農民請教的。我們不是以考察團的方式，待個幾月半載就走的，而是以去過苦日子的態度，長年的留在那裏。因爲，幾千年來農村的文盲、貧窮與落後這些問題，始終沒有一套根本的解決辦法，而唯有當我們生活在農村，從頭學起，才可能了解問題的癥結，也才能嘗試去解決問題。在定縣，平教會同仁的吃住和老百姓完全一樣，我們不是要到那裏去建另一個北平，而是眞心的要去苦嘗那樣的生活，親身的去了解農民的苦。可惜的是，後來戰爭爆發，日本人打來，我們才不得不走。」

抗戰軍興，平教會同仁南下，分別在湖南衡山和四川新都從事鄉村建設的工作。一方面，繼續推行生計、教育、保健與自治四大改造工作；另一方面，則設立鄉村師範學校與鄉村建設學院，培養與儲備人才。晏先生並多次走訪美國，募款來籌措平教會的各項開支。由於他的奮鬥精神與傑出成就，引起了美國朝野的重視與支持。一九四三年五月，美國學界紀念哥白尼大會上，就推舉晏先生爲世界十大革命性偉人（其他包括愛因斯坦、杜威等人），此不僅爲晏先生個人之殊榮，亦實爲全中國人之榮耀，而定縣實驗之成果，經過川、湘等地的發揚，最後終於進一步的在亞、非、拉丁美洲等地實現了。

一九四七年，晏先生奔走美國各地，期望戰後的中國農業經濟能迅速走上復甦的道路，此一計畫後來終於成形，美國眾議院並通過以專款支持設立「中國農村復興聯合委員會」，此一條款特稱「晏陽初條款」（Jimmy Yen Provision），足見晏先生居功厥偉。

晏先生雖長期推動平教與鄉建運動，但卻始終如清流砥柱，極力擺脫名利與政治的干擾。而其鄉建工作的經費來源，也率多來自歐美的募款，此又與花費民財與國帑的許多實驗計畫迥然相異。因此，雖然許多知識分子對鄉建運動抱持苛評與譏諷的態度，而各種政治勢力甚至出以脅迫，橫加阻撓，但平教總會的同仁始終以虛心學習，無畏譭謗的精神堅持下去。

六十年來，晏先生堅信勞苦大眾所需的不是救濟，而是啟發，在平教運動的九大信條中，就強調「鄉建是方法，發揚平民潛伏力使他們能自力更生是目的」，因此平教總會的工作任務不僅是救濟民困，而且還要引導民眾運用科學知識與方法，走上自力提携之途，此一重要觀念經過晏先生的倡導，逐漸影響到國際社會中去。

晏先生指出，鄉建運動的終極目標是雙重的。他根據儒家治國、平天下的理想，將鄉建工作分爲兩項：第一，在國家的層次上是「民爲邦本，本固邦寧」，因此，要以民有、民治、民享爲標的，而鄉建運動的出發點正是以民爲本。第二，在國際的層次上，則以儒家的天下一家和基督教的博愛觀爲理想，希望經由國際合作，達到止兵息武的和平境界，雖然此一理想甚爲遙遠，但鄉建運動在第三世界中的推動與發展，卻已經爲這個理想踏出了堅定的一步。

從一九五二年起，晏先生開始在菲律賓繼續他的鄉建工作。在菲籍人士的合作下他以顧問身分，提供各項經驗上的建議。一九六七年起，更在馬尼拉郊外成立國際鄉村改造學院，積極培養第三世界的鄉建領導人才。目前已有三十餘國六百餘人接受此一訓練。近年來，晏先生和國際平敎會並進一步的在亞洲的印度、泰國、中南美洲的瓜地馬拉、哥倫比亞和非洲的迦納等國建立鄉村改造中心，作爲推動第三世界鄉建運動的據點。一九七六年，瓜地馬拉總統特別以該國國家勳章贈與晏先生，以表彰他爲發揚農民潛在力，解救饑餓、無知、疾病的重大貢獻。在政治情況複雜多變的第三世界裏，晏先生究竟如何推動他的艱鉅工作呢？

晏先生指出，國際平敎會的基本立場是超政治的，爲了堅持此一原則，同時使工作得以推展，乃委託各國地位崇高而又能擺脫政治干涉的清流之士主持工作，平敎會主要扮演顧問、敎育與諮詢的角色。由於第三世界往往處於動亂政局之中，此一理想往往不易付諸實現。三十年來，唯賴晏先生的堅持與努力，並在歐美各地積極籌款，始將國際鄉建運動的規模逐漸擴大，終於在各大洲建立據點。

最近幾年，晏先生多住在非律賓的鄉村改造學院，督導學校的研究與敎育工作。今年夏天，晏先生又回到了紐約，一方面他循往例參加了紐約國際平敎運動委員會的年度性檢討會，另一方面，也將參加美國各界爲他九十大壽所舉辦的各項慶祝活動。但是對晏先生這樣的長者而言，再大的賀忱也是不够的。因爲他的奮鬥不但已成了近代史中不朽的一頁，而且還將在可見的未來發揮更大的影響力。多年來，顯耀一時的名流碩彥，都在歷史的浪濤下逐漸失去了踪影。但一生不爲名利，含辛茹苦，默默耕耘的晏先生，卻在一生的奮鬥中爲中國知識分子樹立了不朽的榜樣。這不覺使我們想起了晏先生一生奉行的兩句話：「言必信，行必果！」先生的奉獻精神，證諸斯言，洵不虛也。

當我請晏先生回顧他的奮鬥軌跡時，他以走鋼絲作爲譬喻，深感一生道途的艱辛不易。他說，從青年時代起，他就以「除文盲，作新民」自期自任。而今，他還要在國際的層次上持續推動鄉建運動的理想。這個理想，如果用兩句話來說，也就是：

除天下文盲，

作世界新民！

敬以此言，向先生賀，並與知識界的朋友互勉。

五四與中國

——論有關五四的研究趨向

一

六十年來，有關五四的篇章，在字數上恐怕早已過千萬大關，而其中大略分來，不外三類：第一類是回憶性文字，多由當年參與運動的人士執筆或口述，而紀錄的也多半是當時個人參加運動時的隻鱗片爪。此可以田炯錦先生的「五四運動的回憶與平議」爲代表。第二類是感懷性的、紀念性的文字，或由參與運動人士，或由青年一輩爲之，內容則就當時運動的一些特徵，與爲文時的一些社會、政治、文化現象，加以比較，抒發己見。此可以李璜先生的「我所經歷的五四時代的人文演變」爲代表。第三類則是研究性、探討性的文字，此多係後人根據前兩類文字加以整理、研究，抽繹其共同性，再透過史料的整理，就五四時代的政治、社會、文化等各方面予以系統性的探討。此類著作，可以周策縱先生的「五四運動史」爲代表。本文亦以此類文字爲主要討論對象。然上列三類論述，非截然劃分，重合之處頗多，自不待言。

周先生的「五四運動史」是以五四運動的背景、種因，當時運動的經過，與其後的發展及影響，這一縱觀的角度爲經；復以當時新文化運動的主要內容與思潮，如文學革命、意識型態、反傳統的潮流，新舊的衝突等議題爲緯，就五四運動的來龍去脈做了詳實、廣泛的全盤性檢討。而周先生對於五四運動的界定，由上列的內容標題可知，顯然是採取廣義的觀點，他說：「五四運動是一個複雜的現象，它包括新思潮、文學革命、學生運動、工商界的罷市罷工，抵制日貨運動，以及新知識份子所提倡的各種政治和社會改革。這一連串的活動都是由下列兩個因素激發出來的：一方面是二十一條要求和山東決議案所燃起的愛國熱情；另一方面是知識分子的提倡學習西洋文明，並希望能依科學和民主來對中國傳統重新估價，以建設一個新中國。」因此，「它不是一種單純不變，組織嚴密的運動，而是許多思想紛歧的活動匯合而成，可是其間並非沒有主流。」❶由上述的引文可知，周先生的觀點，是強調五四運動與新文化運動之間的關聯，因此比較強調它的思想文化層面，但也說明了它包含重要的政治與社會改革。

但是，對於前述有關五四的回憶性、感懷性文字的作者而言——其中許多是當年蜂湧北京或上海街頭的學生領袖，他們中不少人卻不願將「五四運動」與「新文化運動」扯在一起，民國九

❶ 周策縱：「五四運動史」第一章導言。

年，羅家倫先生在檢討一年前的五四運動時❷，就將五四運動主要當作學生運動、社會運動看待。當然，於民國九年看那運動在時間上實在是太接近了，而且對整個運動的發展並無全盤的了解，但是幾十年後在回憶、檢討起這個運動時，許多人——如胡適之先生，就強調這兩個運動不可混為一談❸，適之先生雖然承認在這兩個運動中學生都佔了重要的地位，但他反對五四運動包括新文化運動這種解釋。關於這兩運動的分野，陳曾燾先生做了相當明晰的釐淸，他認爲，五四運動是發生在新文化運動期間的一個運動，五四之前，是「先五四新文化運動」；五四之後，是「後五四新文化運動」，而五四正發生在這兩個明顯的時期之間，也突顯了這兩個時期❹。不過，五四運動主要是指一個單獨的事件，卽民國八年「五四」的北京學生遊行與六月間的全國抗議事件、愛國運動——也就是周策縱先生「五四運動史」中所指的「五四事件」。陳先生從狹義的觀點來界定「五四運動」，與五四當時使用此一名詞的原意是相符的。但是另外他也有相當充足的理由，因爲，五四運動(五四事件)本身並不是由新文化運動所引起的。一般的看法，就認爲胡適之先生並非狹義的「五四運動」——「五四事件」的領導者，但從廣義的觀點，胡適自然是五四運動的領導者，這主要指的是新文化運動——尤其是白話文運動。這個觀點，證諸史實，亦有其

❷ 羅家倫：「一年來我們學生運動的成功失敗和將來應取的方針」。
❸ 胡適：「五四的第二十八週年」。
❹ 陳曾燾：「五四運動正名」。

眞確性。史華慈先生亦曾指出，「五四事件」主要是北京的學生發起的，他們等不及他們的老師們所從事的文化、思想的改造，乃直接採取政治途徑，而且，結果「學生們成功地使他們的一些教授們『轉向』了」❺。另外，新文化運動主要的參與者是知識分子與學生，早期他們並未與羣眾結合，而五四運動（五四事件）的領導者則充分認識到羣眾動員的重要性。羅家倫先生卽曾強調，五四運動代表著一種「社會制裁的精神」、「民眾自決的精神」、是一種「二重保險的民眾自決運動」，而五四運動的影響，包括「社會組織的增加」，「民眾勢力的發展」❻。他在檢討五四運動的成敗時，也特別要求他的同儕們要了解羣眾運動的心理，運用羣眾的情感來組織羣眾。羅家倫是五四運動的領導者，他對羣眾運動的重視，是具有代表性的。另外，周策縱先生爲五四運動所下的定義中，列舉了工商界的罷市罷工、抵制日貨運動等項，也證實了五四運動（或五四事件）中包含了羣眾運動的成分。這代表了一層重要的意義，卽廣大的羣眾或爲五四運動的一個整合的部分，而依上述陳曾燾先生的觀點，由於五四運動的影響，使「後五四的新文化運動」，取得了人民羣眾的基礎。由此亦可知，五四運動與新文化運動雖有密切關係，但不可混爲一談。

五四運動與新文化運動的分野，另外還有很重要的一點，是關於傳統與民族主義的問題，新文化運動對中國的傳統文化，基本上是持全盤否定的態度。此在林毓生先生的研究中❼，有詳細

❺ 史華慈：「五四運動五十週年討論集導言」。
❻ 同註❷。

精闢的討論，他認爲當時新文化運動的幾個主要領導者，是採取一種「全盤性的反傳統主義」——將中國文化的一切特徵視爲罪孽，而要全盤的予以否定，繼之則主張全盤西化。而在另一方面，「五四運動」卻是一個愛國運動，即政治上的民族主義運動，它要求維護民族的尊嚴與國家的利益。而爲了提昇國家的地位，必須對自己的民族歷史文化產生溫情與敬意。就此而論，「五四運動」與「新文化運動」是截然不同的。許多人反對五四「反傳統主義」的一面而宣揚其「愛國運動」的一面，事實上也說明了這兩個運動的分野。

這兩個運動雖有許多不同之處（甚至矛盾之處），但爲何又有如此密切的關係呢？陳曾燾先生認爲，這兩個運動都強調國家至上，都盡力去提高人民的政治意識；都要求對民族危機的自覺；都意圖藉著人民行動來形成對政府的社會壓力。而且，新文化運動爲文化與社會改革提供了基礎，在五四事件中，青年們要求直接的政治行動以加速他們所追求的文化、社會改革，而新文化運動的思想改革家，也體認到五四運動的政治運動的政治意義，因此遂支持此一愛國運動。另一方面，五四學運的領導者，也在五四運動之後，加入新文化運動成爲重要的領袖人物。由此可見五四運動與新文化運動的密切關係。史華慈亦指出，五四時學生的一代——五四運動的領導者，與年紀較長的、前進的思想改革家們雖有許多相異之處，但也有許多共同的特徵，如反抗家庭制度、主張婦女解放等等，林毓生先生更進一步指出，這兩代的反傳統思想是空前的，在前一代的知識分子（如康有爲，梁啟超等）中，雖然已經蘊釀著對傳統的反抗，但並非整體性的，而到了五四時代學生輩與老師輩這兩代知識分子身上，卻形成了整體性的反傳統主義。此一共同特徵，亦說明了「後五四新文化運動」，的確結合了五四運動與新文化運動這兩個運動的參與者，而事實上，他們在思想上也具備共同的特徵。

另一方面，在五四運動的「政治行動」與新文化運動的「文化改革」之間，近年的研究成果亦指出，五四新文化運動所持的文化主義基本上是朝向政治行動的。胡適之先生雖然一直希望與政治保持距離，但也有意透過當時北洋的「好人政府」來實踐他的教育理想，後來丁文江出任淞滬商埠總辦（上海市長），也代表著此一理想。李歐梵先生亦指出❽，郁達夫的酗酒、魯迅的自嘲，徐志摩的自築「象牙塔」、郭沫若的哀鳴、李叔同的出家……，這種種頹廢、逃避、自哀自憐的現象，雖有其個人的原因，但從歷史的眼光看來，這卻是知識分子與政治社會疏離所造成的苦悶——如俄國十九世紀的「零餘者」，與社會脫節，有沉重的罪惡感，而中國士大夫「學而優則仕」的傳統，又已因政治的動盪，使知識分子與政治脫節了，但是他們總希望能參與社會、參與政治，「總要做些事情」，因此當五四運動的激流震撼中國之際，這些浪漫文人也開始擔負起改革社會，介紹新文化的使命了。傅樂詩曾經指出❾：「從某種程度的意義來說，從關心文化

---

❼ 林毓生：「五四時代的激烈反傳統思想與中國自由主義的前途」。
❽ 李歐梵：「五四文人的浪漫精神」。
❾ 傅樂詩：「五四運動的歷史意義」。

到關心政治的轉變，只是時間問題」，就此而論，我們同意陳曾燾先生的觀點，五四運動促成了新文化運動的發展。而另一方面「先五四新文化運動」也促進了五四運動的產生，因此這兩個運動雖然不同，但互爲影響，亦可見其關係的密切。

上文乃就近年的研究成果，澄清了五四運動與新文化運動之間的關係，但是我們對於通俗的稱呼——「五四新文化運動」，又抱持著怎樣的態度呢？我個人的看法是，名稱儘管可以從俗（事實上通用已久，如要吹毛求疵，反而不便），但對這兩個運動的關係卻必須釐清。胡秋原先生將「五四運動」與「五四時代的思想」這兩者加以分野，指出前者是一愛國運動、民族運動，而後者則是民主運動、科學運動、白話文運動……，就代表著一種還給五四一個眞實面貌的努力，這也是六十年後的今天，我們探討五四的一個重要基點所在。因此筆者認爲，在討論五四時，必須在名詞上多做些界定，以免產生混淆。

再者，我們就五四運動所倡導的「民主」與「科學」，以及五四的「運動」性質與影響，加以研討。

二

一般對於五四運動的討論，多著眼於文化、思想層面，如前文所提及，林毓生先生對於自由主義、反傳統主義及其相關問題的探討，就是其中最具原創性的研究之一。林先生認爲，自由主義（指的是個人價值的尊重，個人的自主、自立，對權威可以採取批評的、獨立、理性的探討的態度，以及自由的政治、立法制度等等；而非一般流俗所指的自由派——如美國國會中的一些議員及其主張）。在中國的失敗，除了社會、政治、經濟等因素外，還有重要的思想上的成因。五四時代對自由主義的提倡，在心態上就與西方的自由主義根本不同。自由主義與個人主義有密切的關係，個人主義強調個人的自主性，個人的價值，而其中還蘊涵著一種道德的信念（筆者認為，在中國，個人主義（Individualism）常被誤認為是自我主義（egoism）——如楊朱：拔一毛而利天下，不為也。），而且對個人價值尊重的道德信念，僅在它成為社會道德價值秩序的一部分時，方有其社會的意義，而這種道德秩序必須從傳統演進而來。但是在五四以前自由主義傳入時，自由的思想和價值卻被當作一種國家富強的工具，而西方自由主義的核心——在政治社羣中，個人應當作目的不可當作手段，個人的自主和獨立，源自個人本身價值的體認——便遭到曲解。另一方面，五四時代的自由知識分子，對自由的意義主要當作一種「解放」——從傳統的社會、文化等的束縛中解放，進一步，更將自由主義與個人主義當作一種反傳統的武器，結果，自然無法了解與尋求改進傳統，以建立尊重個人價值的道德秩序。這種將自由主義、個人主義與反傳統主義糾纏一起的結果，終於在五四運動後，民族主義高漲時，造成民族主義籠罩了個人主義的價值，個人主義不再被當作實現民族主義目標的有效工具了，而自由主義也隨之瓦解。

關於自由主義的失敗，還有一重要成因，是自由主義者過分強調文化、思想的改革，而與政治脫節，雖然胡適等人都曾試圖藉著政治權力來推動文化、思想的改革，但根本而言，他們並不了解政治組織和政治行爲的需要；或者，他們雖知道，卻不敢根據這個識見去做，結果，他們得不到一羣追隨者的支持而與主流脫節了。賈祖麟先生指出⑩，自由主義的失敗主要是自由主義者的失敗這一命題，雖有眞實的成分，但是並不够充分。因爲自由主義有其特定的內涵，「自由主義不是羣眾取向意識型態的構成要素」，如果自由主義者違背了這些，投入當時的政治鬬爭，那就可能不是自由主義者了。因此賈祖麟認爲，自由主義並非因爲未能發展出有效的政治策略而失敗，而是因爲「自由主義是一種移植的器官，被接納它的有機體所排斥」。對於這一點，史華慈先生表示了不同的看法，他認爲中國的環境——即「接納的有機體」，並非每一部分都會排斥自由主義，事實上，中國知識分子對「眞理之前人人平等」的堅持，不僅是源於西方的自由主義，而且也是基於中國傳統士大夫的道德精神。林毓生先生也曾指出⑪，自由主義若要在中國生根，亦卽要獲得對個人價值掌握，必須對儒家的人文主義作創造性的改進，而儒家的道德理想主義與西方自由人文主義是相融的，兩者的新整合亦是可能的。因此，在思想的層次上，若要使自由思想在中國生根，就必須尋求對傳統的創造性改進，也因此五四時代全盤性的反傳統主義絕不可繼續，而另一方面，我們又必須了解五四運動的眞精神所在，就是「要求根本的改變以及信任經由

⑩ 賈祖麟：五四時代的「政治」問題。
⑪ 同註⑧。

知識而獲得之解放」，就這兩者而論，五四對現代中國的意義是豐富的，但我們既不可全然排斥，亦不可照單全收，而應執著於多元、理性的原則——分別以不同的方法對付不同的問題。因此，期望以一個無所不包的意識型態來解決所有問題的態度，也許在根本上就是不智的——這本身也卽是自由主義所堅持的一項原則。

五四時代所標擧的最重要主張，除了前面討論的自由主義的自由、民主的思想外，就是被誤解已久的「科學」。有關各種研究告訴我們，五四時代對科學的提倡，本身是被當作一種「科學主義」——一種對科學的迷信，認爲科學萬能，捨科學外無知識，無意義的態度。而五四時代所倡導的實證主義與科學主義的科學觀，在根本上也是對科學性質的誤解。近年來有關科學的精闢研究指出⑫：實證主義所謂主觀就是偏見，就是對科學的阻礙，乃是對知識（包括科學知識）尋求過程的皮相之論。當然，偏見是知識的大敵，但排除偏見並不蘊涵眞理是在非主觀的意識中尋求得到的。因爲眞理是在理智熱情（Intellectual Passion）的促使之下，學術傳統的範圍之內，追蹤理性的直覺（the intuition of rationality）而得到的。人類所追尋得到的眞理是人心創造——理性分析綜合與理知熱情互相交融——的過程，因此前一代所得到的眞理可能被後一代所修正，但後一代所追求得到的眞理是建築在前一代所建築的基礎之上。基於此，所謂的「永恒眞理」，可能並不存在，而「純然客觀」的科學觀，也是站不住腳的。就此而論，五四時代所提倡

⑫ 同註⑦。

的「科學」，本身就受到誤導。五四的領導者提倡科學、民主的雄心是可佩的，但是今天我們檢討五四，卻必須超脫出五四當時「科學主義」、「反傳統主義」的窠臼，而應從對科學意義的重新檢討，與對民主、自由價值的根源性體認上著手，以建立使自由、民主、科學生根筍接的新傳統⑬。

三

上文係就五四時代所倡導的議題：民主與科學予以析論。但有關五四的研究，還有一個重要的方向，即從社會運動的角度來探討五四。如前所述，五四運動本身有羣眾運動的內涵，而過去有關五四的研究則主要局限於知識分子與學生層面，陳曾燾先生的「五四運動在上海」則提供了有關五四社會運動的一個分析性、區域性的研究成果。他認爲，五四運動在上海的發展可以說是一個社會各階層都參與的民眾運動，而且這是整個中國歷史上第一次眞正的總體性——指社會的各階層都有代表參加，而且集體合作的一種總動員式——的運動。

一般探討五四的文章，多半就北京的發展而論，但北京與上海在歷史背景和社會背景上皆不相同。北京是中國古老文明的、政治的、教育的中心，當時是北方政府控制的。它並非西化的都

⑬ 本段主要是根據傅蘭霓（Michael Polanyi）「個人的知識」的觀點，引自筆者訪問林毓生先生的訪談錄：「一些對中國文化前途的意見」，臺大畢業生年刊，民國六十六年出版。

市，無租界區，也沒有國際性的社區（除了外國領事區），亦無廣大的現代商業區和工業區。它的居民主要是滿清遺老、知識分子、新政府的官員和老式的工匠、商人等，而上海則是一個現代的國際性大都市，包括了租界區、現代的工商業中心和租界區。五四當時的上海在政治上，既不屬北方亦不屬南方，而保持中立。北京是一個樸素的都市，上海比較起來，則顯得較活潑而動態，西方的商業和工業主義色彩濃厚，這些特質都使得上海成爲一個現代中國革命的中樞。因此五四在上海的發展是一個頗值得研究的議題，它對提供我們有關現代中國民眾運動形成的一個新的研究方向。而且，它也提供我們研究五四以後上海在中國的民族主義以及經濟和社會變遷上所扮演角色的基礎。陳曾燾先生並且特別對民眾運動（Popular movement）和羣眾運動（Mass movement）這兩個名詞加以釐清⑭。所謂「民眾」是對「官吏」而言，它包括官吏以外社會上的所有分子，並不受社會背景、籍貫和職業的限制。而「羣眾」則是指「無產階級」（農、工），是與中產階級相對立的，五四運動在上海是一「民眾運動」，而非中共作家一貫所謂的「羣眾運動」，這一方面說明五四運動在上海的發展包羅了社會的各階層，另一方面也駁斥了中共意識型態下的曲解。而對五四研究而言，它也提供了一個新的途徑和一些新的事實：首先，上海的五四運動領導階層與北京不同，它是以知識分子、商人、工人爲主，學生在運動發生後才居有力的地位。再者，上海的五四運動是各個社會階層一個接著一個加入的，起先是知識分子，然後是學

⑭ Joseph T. Chen, The May Fourth Movement In Shanghai 臺北虹橋複印本。

生，接著是商人階層，最後則是工人階層和無產階層。第三，在民國八年的六月五日以前，五四運動在上海只是一個有限的運動（Limited Movement），而在六月五日以後，全體民眾成爲此一運動的基礎，而上海也取代北京成爲五四運動的中心。第四，上海的五四運動是以學生與商人的聯合爲主力，也因此它並非義和團式的暴動，雖然它包括了抗議的行動，但基本上是有秩序而非暴力的，其主要原因也就是運動的主要參與者——學生與商人都是受過教育和有知識的。最後，也是上海的五四運動與北京的五四運動的最大分野，即前者是中產階級的民眾運動，而後者則係知識分子階層的運動。

由以上幾點，我們可以確定，陳先生在五四運動的研究上提供了許多重要的成果，而在這方面仍有許多問題是值得我們去探討。它也啟示我們：五四的研究除了過去研究所著重的「精緻文化」層面，還有更廣大的「大眾文化」的層面值得我們去開拓發掘。

四

五四至今雖已六十年過去了，但當日它所倡導的各種主張，許多至今仍活生生的擺在我們眼前：民主、自由、科學和教育大眾、啟發民智，對於我們這些五四人物的子女輩而言，它不僅是我們父執輩的問題，事實上也是每一個關心現代中國命運的人用心關注的焦點所在。只是，凜於五四的教訓——中國苦難的教訓，我們絕不能再犯同樣的錯誤，絕不能。

意識型態與當代中國思想

——概念的釐清與檢討

在近代中國思想發展史上，意識型態（Ideology）的糾結實爲主要特色之一。在衆多的意識型態思潮中，民族主義與反傳統主義則爲最具影響力的兩支。民族主義爲中國知識分子提供了普遍的意識熱情，反傳統主義則在帝制的覆亡、西潮的君臨等方面，提供了重要的意理基礎。在這兩支思潮的基礎上，自由主義、實驗主義、基爾特社會主義、工團主義和共產主義等，都曾或長或短的在中國知識界、思想界裏各擅勝場。卽使少數反傳統的西化論者曾經一度以反民族主義的姿態出現，但大抵而言，中國知識界普遍瀰漫的氣氛仍是民族主義的熱情和文化上的反傳統心態。一九一九年的五四新文化運動和一九六〇年代以還的「文化大革命」，正是這兩支思潮的註腳。雖然「文化大革命」的盲動成份遠甚於五四，而且還夾雜著濃厚的馬、列、毛色彩，但意識型態糾結下的狂暴偏執，卻顯爲其主要特徵所在。遲至今天，在世界各地的中國知識圈裏，這兩支思潮仍然或隱或現的存在著，而且與其他意識型態並行而存或糾結於一，成爲其他意識型態的共通基礎。

雖然這兩支思潮在意識型態中往往居主導地位，但與其相背的各種不同思潮卻也一直存在著。以反傳統主義爲例，自民初以還，與其相對的國粹派、學衡派、鄉建派、新儒家乃至發表文化宣言的十大教授，以及「新生活運動」、「孔孟學會」等，都曾扮演著傳統主義者、保守主義者或文化傳統主義者的角色，他們對反傳統主義的批評不遺餘力，而且影響力也有漸增之勢。港臺等地的新儒家，近年來頗受知識界的注目，而且連帶的影響到其他學術取向的知識分子開始對傳統作新的反省，卽爲明證。

意識型態是外來的名詞，在中文翻譯的過程中，與其並用的名詞還包括「意理」和「意底牢結」（殷海光先生卽使用後一譯名）。前者屬中性用法，與「意識型態」經常互用；後者則具貶義，特指具強烈排他意味、尋求整體性解釋的意識型態。換言之，從對某一特定問題的解釋觀點到複雜的全盤意理演繹，乃至終極關懷與歷史目的性的選擇等等，意底牢結都提供了一套具體而固定的解釋觀點。從自由主義的角度看來，右翼的法西斯主義和左翼的馬列思潮，都屬於無遠弗屆的意底牢結。而從史達林主義的觀點看來，第四國際所揭櫫的托洛斯基主義也是一套執拗不化的意底牢結。事實上，在各種極端的左派思潮間，互爭正統、互斥異端，互責爲封閉、落後、僵滯，早已爲慣常現象，這也說明了凡事訴諸整體解釋觀點，強調歷史必然性和終極目標樂觀性的意底牢結，必然是排他而獨斷的。在近代中國思想史上的種種論戰和鬪爭中，意底牢結所扮演的角色就頗爲明顯。直到今天，中國大陸對於馬克思人道主義和異化論的爭執和畏懼，事實上也正是出於意底牢結的囿限。

雖然意識型態、意理和意底牢結這幾個字彙有不同的分殊意義，論者也對這些名詞有不同的價值判斷。但是，眞實的概念釐清卻往往非常困難。從自由主義、人文主義的角度看來，共產主義乃是一套偏執、曲解的意底牢結，而從新左派和馬列主義的觀點看來，自由主義、人文主義卻成爲資產階級保守心態下的神話了。同樣的互斥態度也出現在各支相敵對的意識型態之間，但這並不意味比較客觀的研究分析是不可能的。事實上，半個多世紀以來西方思想界、學術界對馬、恩、史、列以及柏恩斯坦、考茨基、盧卡其、葛蘭西、盧森堡等思想家的研究，已充分證明學術研究對意識型態發展的重要性。卽使解釋者的意理觀點仍然歧異甚夥，但對意識型態的分析、研究與整理，卻使許多瀕臨僵滯的意識型態重現生機。二次大戰以後在美國漸受注目的「批判理論」和六十年代以後崛起的新左派思潮、「依賴理論」、「世界系統論」、「帝國主義論」等，都多多少少受到這些左翼意識型態發展的影響，它們對「功能論」、「現代化論」等的批判，雖然並不能使人人折服，但批判力的尖刻深入，卻是無法否認的。同樣的，站在另一些不同立場的現象論者、詮釋論者或自由主義者、保守主義者，也曾對左翼思潮和受左翼影響的學術理論大力反擊。由於學術界的批判溝通，有其內在的判準，也有其行規和約制，這些意識型態和理論觀點的交鋒結果，使得知識分子有了較多的客觀反省機會，從而也可能使自己的意識型態立場更具寬容性和解釋力，換言之，也更禁得起理性的批判和考驗了。從此點觀之，學術研究對於意識型態的發展，是深具建設性意義的。

在中國近代思想史上，各支意識型態的鬪爭、互斥，可說是紛然雜陳，但是客觀的學術性研究，卻比較少見。無論是對民族主義、反傳統主義、保守主義、科學主義乃至各種社會主義的分析與研究，都會對這些思潮在西洋思想上的根源，在中國傳統中的遺緒，以及在近代中國的傳播、解釋及發展軌跡，產生深刻的釐清功能。雖然意識型態與學術思想間的糾結不易劃清，意識型態與意底牢結間的分野也不易判斷，但是學術研究卻無疑可提供意識型態發展上的重要判準。對於自覺或不自覺於自身意識型態立場的中國知識分子，反省、分析與研究此一意識之流的起源與發展，實爲當前無可旁貸的重大課題所在，這也是未來中國意識型態發展上的一塊重要基石。

工業民主的時代意義

——南斯拉夫經驗的反省

最近一段時間裏，臺灣和大陸都已對經濟生產體制做了重大的改革。在臺灣，「勞動基準法」的通過實施，象徵著中華民國社會福利與勞工運動的新階段已經開始。在大陸，各大城市則展開了工業企業、建築業的廠長（經理）責任制，原先領導企業的黨委，則退縮到只管黨務工作、政治思想與黨員教育等方面。針對上述的變革，本文試圖從國際社會中倍受注目的南斯拉夫經驗爲基點，探討工業民主對中國社會（海峽兩岸）的啟廸意義，並願提供一些具體的資料給關心世界改革思潮發展的讀者。

南斯拉夫的成就

一九四九年，南斯拉夫聯邦政府開始在全國二百一十五個大企業中，建立第一批工人自治機構——工人委員會。第二年，南國聯邦議會進一步通過一項基本法，全面實施工人自治，將工廠交給工人管理，使得工人獲得經濟民主的權利。一九五三年，南國議會進一步以憲法性法律的形式確立了這種生產資料的社會所有制。此後在各自治共和國與自治省議會中增設了「生產者院」（後改稱聯合勞動院），使得自治體制獲得了進一步的鞏固。而一般共黨國家所實施高度集中的計畫體制，也因爲權利的下放至地區政府（卽南國的六個共和國與兩個自治省）以及各企業自主權的擴張，得到了基本的改善。此一重大的改革措施，使得南斯拉夫的經濟情況爲之好轉。在一九五三至一九六三這十年間，國民收入增長了一倍，工業生產的年平均成長率，也高達百分之十三・八，足見其成就輝煌。

生產自治體制與組織

在南國的自治體制下，基層聯合勞動組織（規模相當於小工廠）是生產管理與核算的基本單位。它獨立的決定產、供、銷各種問題，也獨立的在市場上進行活動。爲了共同利益，基層組織經常聯合成勞動組織（規模相當於大工廠），進行對外經濟聯繫、科技研究與市場調查等活動。但是它無權干預基層聯合勞動組織，而只進行協調工作。南國規定，所有的聯合勞動組織都要加入本行業的聯合會。經濟聯合會的任務是提出社會經濟政策法令方面的建議，組織有關單位在協商的基礎上簽訂協議，進行各種共同計畫。但是由於經濟聯合會並非行政機構或權力組織，因此它只能負起協調的角色，而無強制性的功能。

在聯合勞動組織中，全體工人大會是最高的權力機構，有關生產、分配、財務、人事的重大問題，都由它作決策。凡是工人超過三十位的工廠，則經由大會無記名投票，選出工人委員會作爲代表機構，所有工人委員都需在生產崗位上繼續工作，一般任期爲二年，得連任一次，但上屆委員只有三分之一可得連任。

在工人大會及工人委員會之外，另有管理委員會負責執行日常事務。它對工人委員會負責，委員中至少有四分之三是直接生產者（任期二年），也不因當選而離開生產崗位（但有權得到因公損失的補償金）。根據工人委員會的公開選聘，聯合勞動組織任命專家性質的經理領導日常工作。經理通常都具備高等專業教育和實際的經驗，任期四年，而且可以連任。他雖然是管理委員會的當然委員，但不能擔任該委員會的主席，另外也不得成爲工人委員會委員，但對工人委員會擁有建議權。工人委員會定期審查經理的工作狀況，並得依法將其解雇。而經理也有反制之權，他可在工人委員會的決議違反國家法令或有關條例時，報告有關主管機關，另外平時他對工人委員會正確決議下達後，也擁有指揮生產的權威，以領導業務的推展。

與政治社會體制結合

南國的自治體制與經濟立法內容極爲複雜，而且在過去三十年中不斷擴充改變，其中最重要的一項發展，是一九六四年起，將自治範圍跨出工廠企業的範圍，在全國實施社會自治。目前南國的政權機構、社會經濟組織乃至法院系統，都呈現著高度自治的色彩。僅以各共和國議會爲例，就包含聯合勞動院、區院（「區」爲南國基層政權單位）和社會政治院三院。在法院方面，也包括憲法、普通與聯合勞動三種法院。由此可見，南斯拉夫的工業民主已經踏出經濟的範疇，而與整個政治與社會體制結合爲一了。

在衝突中創造新模式

南國的經濟體制改革，在過去三十年來雖然別樹一幟，頗具成效，但也面臨許多與共黨意識型態發生衝突之事。一九五四年，南國國民議會議長吉拉斯即因提議取消南共聯盟在社會主義建設中的主導角色，倡導實施多黨制而遭罷絀與開除盟籍（南國共黨以「聯盟」自稱）。一九六九年，南共也在肯定經濟改革的同時，指出不允許以自由與民主爲名，反對自治制度和各族人民平等（南國有廿四個民族，三種官方語言）的南斯拉夫共同體。一九八〇年五月四日，狄托逝世後，南國的集體領導體制更面臨了新的考驗。但無論如何，南國能在過去三十來，突破蘇聯式中央集權的計畫模式和西方資本主義體制，而形成一兼顧經濟民主與地方自治的新制度，實在是累積著豐富的經驗與智慧的結果。一九六〇年以來，西方社會由於對南國體制的重視，曾使工業民主的呼聲大爲高漲。以法國社會黨爲例，一九七〇年代該黨的重要派系「社會主義教育和調查研究中心」，就主張將建立工人自治體制（自治的社會主義）列爲最重要的一項政策。就該黨全黨的傾向而論，工人自治也僅次於「提高大城市生活質量」，居於第二重要的議題序列。法國社會黨是歐洲社會黨陣營中比較資產階級化的政黨（成員以白領工人與中產階級爲主），它對工業民主與工人自治的重視，當然是值得世界各國左右各翼重視的。

世界各國的努力

雖然由於南國經濟基礎的落後以及共黨聯盟領導體制的特殊性，使得將南國與西方國家加以比較研究，發生了一些類比上的困難，但是南斯拉夫的經驗卻使許多西方學者感到具有特別的重要性。舉例來說，美國耶魯大學政治學者道爾（Robert A. Dahl）就曾指出：「南斯拉夫是世界上唯一設法將工業民主的美夢，轉變爲眞實的國家」。「如果說在國家的管理上，南斯拉夫較美國爲不民主，可是在企業管理上，卻是非常民主的」。澳洲雪梨大學學者帕特曼（Carole Puteman）也在對南斯拉夫體制抱持批判態度之餘，指陳「南國經驗使我們沒有好的理由假定工業權威結構的民主化是不可能的、困難的與複雜麻煩的。」著名的美國左翼理論家艾文・侯（Irving Howe, Dissent 雜誌的主編）和哈靈頓（Micheal Harrington「美國民主社會主義者」組織主席），更在紐約時報星期雜誌（一九八四、六、十七）上的對談中指出，美國民主社會主義者的理想是：改革經濟生活，俾有更民主的參與，因而工人對工作場所和上班時的生活能有更多的控制。他們認爲最近美國東方航空公司工會以減薪等讓步手段，換來公司百分之廿五的股權和董事會百分之十五席位的作法，就是擴大工人參與潮流的先聲。他們也認爲，透過稅法及合夥、工人所有等社會所有制的方式，擴大工人及民眾對企業的監督和管理，才能進一步擴大參與民主與經濟平等的理想。另外他們也特別提及西德與瑞典兩國近年來有關工業民主的改革措施，西德係以法律強制規定工人在企業決策上的比重（與資方處於平等的地位），使得勞資共同決策（Codetermination）的理想獲得保障。瑞典則規定企業盈利超過某一標準後，卽須繳交一筆額外的稅款，撥入由該業工人和該公司所在地的居民所控制的基金。這筆基金用來購買企業的股票，使基金會選舉出來的代表得加入企業的董事會中，參與重大的決策。這些與南斯拉夫經驗相異的改革作法，無疑都是針對各國國情的殊異性而作的不同抉擇，但它的參考價值是無庸置疑的。

值得深思的課題

就中國的情況而論，海峽兩岸當前的環境及條件，與上述各項的經驗與理想有相當大的歧異，但在未來經濟發展及海峽兩岸的競賽過程中，工業民主也終將伴隨著政治自由化與民權參與等要求而來，並將成爲社會福利與勞工權益等政策上的重要課題。在此次政府實施的「勞動基準法」中，曾經對「勞資會議」做了新的安排和規定，其中指明該會得就生產計畫、經營方針、機器設備、生產技術乃至勞動契約、工作規則等提出討論，這固然已有進步，但可惜的是對勞方的權限卻未能做積極的制度化的保障。而在中共的改革方面，則指出對於企業重大問題，應由廠長或經理主持業務會議進行決策，在會議中，黨委書記、工會主席及其他行政負責人雖可充分發表意見，但其中也特別規定了不實行少數服從多數表決原則，而應由廠長或經理獨自決策與負責。固然這已從黨委領導制進步一些，卻與工人參與或工人自治的「社會主義理想」相差太遙遠了。

當然，南斯拉夫的改革體制有其特殊的國情環境，也與該國的領導體制有甚大的關連，而對其成效的評價也是人言言殊，莫衷一是。可是無論從三民主義所揭櫫的民生均富的理想或左派意識型態所強調的工人當家的角度看來，南國的自治體制都較美、蘇的兩極體制更爲接近理想。在海峽兩岸未來的對抗與競賽裏，如何更進一步接近工業民主與社會福利的理想，該是海內外中國人所應深思的重大題旨。

黃權、黑權與白權

一八六一年，共和黨人林肯當選美國總統。由於他主張限制和逐步廢除奴隸制，與南方的強烈種族主義的立場相衝突，遂導致南方十一州的自組邦聯，宣布獨立，掀起了爲期四年之久的南北戰爭。初期，北方節節失利，但在一九六二年九月，林肯發表了「解放黑奴宣言」後，改組軍隊，激發了黑人和其他民眾的鬥志，戰局開始漸轉，最後北方終於勝利，美國的國家主權獲得了確切的保障，同時黑人的人權地位也獲得了初步的提昇。

雖然南北戰爭的起源並不純粹是因對黑權解放與否的爭執，同時它還夾雜了南北雙方經濟利益的衝突等因素。但是無疑的，黑權的解放因南北戰爭的結束而獲得了相當程度的進展，只是進展的步調卻因種族主義的偏見和惡法的阻撓而延緩了下來。從一八六八年起，白人就利用不公正的投票權限制和所謂的「分離與平等」等措施，對黑人的權利予以層層阻撓。經過民權領袖和政界法界人士的聲嘶力竭努力不懈，以及廣大覺醒民意的從旁推動，終於使詹森總統在一九六四年簽署了最重要的民權法案，其中包括禁止對黑人投票權的限制，並否定了在南方行之久矣，對公共場合與設施所實行的黑白分離政策。後來又經過一九六八年立法對黑人居住權的保障，才使得黑人——以及其他少數民族的民權獲得了逐步的改善。今天我們看到美國少數民族的勢力逐漸抬頭，以及華人對參政權的日益重視，事實上，都是這一百多年來黑權提昇的結果。

我們之所以重述這段許多人耳熟能詳的歷史，主要乃在說明兩件事情。其一，是從「白權至上」到「種族平等」，乃至今天亞裔族權的日漸抬頭，其中黑人是最大的犧牲者和奮鬥者。在許多華人自覺或不自覺的歧視黑人之時，我們應對黑人的奮鬥成果予以積極的肯定，並深沉的反省「種族主義」的困結。其次，從一個長遠的美國民權演進史的角度看來，我們清楚的認識到，種族主義的移變乃是極爲艱困的事情。白人種族主義透過了一代代的教育與社會化過程，變成下一代白人堅定難移的意識之源，其結果是，黑白長期的對立和血腥事件的不斷爆發，爲美國民主染上了嚴重的污點。而黑人雖經過了幾百年的努力，卻只有在戰爭時期（如南北戰爭時代）與社會環境變動劇烈的時期（如越戰時代和一九八〇年代）才能鼓動風潮，感化白人，逐漸轉化「白權至上」的迷思，獲得平等的人權地位。由此可知，種族主義乃是危險而不易轉變的意識之流。如果華人在有意無意間把自己對黑人的歧視也教育給我們下一代，那麼下一代就將承受我們錯誤觀念的苦果，而陷入另一層種族主義的困局。

當然，今天華人對黑人的歧視並不純然基於種族主義的情結，其中還有一大部份的原因是由於黑人犯罪率的高居不下，和黑人社會地位的低靡不振。但是，對於一個幾百年來一直淪爲奴隸、賤民與次等國民的族裔而言，要在民權伸張後僅僅三十年內改弦更張，變成一個有教化，講禮儀的社羣，事實上是不太可思議的事情。今天美國的有識之士都已逐漸意識到，如果美國的精英集團不努力提攜黑人及少數族裔的經濟，教育與社會地位，甚至不用優惠的條件來加速進步的速率，那麼今後百年，黑人的社會問題將成爲美國的動盪之源。同時，如果我們潛意識的以爲黑人都是（或大部份是）懶惰、愚昧、邪惡與好鬥的族裔，則正好陷入了一種短視的種族主義情結，而不知類似的說辭也正是白人種族主義者過去對黃種人的評語。我們絕不可忘記，三K黨雖以反猶與反黑出名，但他們對黃種人也絕不抱好感。今天，美國社會內尚未興起嚴重的反亞裔潮流，絕非只因亞裔的自重與努力，相反的這正是因爲少數民族的抬頭，使得種族主義者不敢輕舉妄動而已。

七十多年前，孫中山先生奔走海外，號召中國民族與全世界的弱小民族團結起來，以和平的途徑，爲提高民族的國際地位而奮鬥。六十多年前，甘地自南非歸印，號召全印度人民攜手合作，以不抵抗運動爭取民族的獨立與尊嚴。但是半個世紀後的今天，雖然中、印皆已獨立，並且在國際上享有重要的地位。但中、印以及所有的亞裔移民，卻仍然要在西方世界爲他們的平等權益而奮鬥。這說明了白色帝國主義的時代雖已結束，白人種族主義的餘脈卻非短期所可消除。在平等、尊重、和平與族裔合作的前提下，我們願從尊重黑權做起，期待一個黃權、黑權、白權，眞正平等時代的來臨！

種族主義與美國政治

——從傑克森的敘利亞之行看美國大選

美國民主黨候選人黑人牧師傑西・傑克森於一九八三年年底抵敍利亞大馬士革，經過短短的兩三天的努力，就完成了營救被俘的美國海軍飛行員古得曼的任務。對於變幻多端的美國大選而言，傑克森此舉，不僅誇示了他的外交能力與黑馬姿態，而且也反映了黑權成長的具體成就。但是對於今後的大選情勢而言，則由於傑克森黑人身分和美國選民的種族主義心態，勢必產生一些影響深遠的變化。對於大選的情勢消長與今後美國政治的發展而言，都將產生直接間接的變動。

茲就短期與長期兩角度，分敍如次。

種族因素仍然影響投票取向

首先，就短期的立即效果而言，傑克森的全國性聲望將快速提昇。在民主黨內部，將直接影響到其他候選人的票源。其中以採取自由派立場，獲黑人與勞工支持的前副總統孟岱爾最受影響。其因無他，蓋傑克森爲一個黑人，即使聲望暴漲，也只能吸引少部份自由開明取向的白人選民，但對於保守的白人種族主義者，則仍希望甚微。在去年芝加哥的市長選舉中，此一情勢即極爲明顯。芝加哥一向爲民主黨擅場之所，共和黨根本無角逐之力。但由於黑人候選人華盛頓在民主黨初選中脫穎而出，竟然使兩黨選舉演爲黑白之戰，將近半數的選民轉投共和黨的白人候選人。這證明了即使在政治發展居世界先進的美國，政黨政治仍然擺脫不了種族主義的囿限。在一項電視訪問中，記者訪問了一位年幼的芝加哥男孩，想探知他家裏的投票取向，那知這位小白童斬釘截鐵的回答將支持共和黨，原因如何，無他，僅僅四字：「投給白人！」

在芝加哥選後的民意調查中，白人選民卻重拾起種族平等的面紗，僅僅有四分之一的選民承認他們投了白人一票，換言之，其他四分之一選民卻又回到民主黨的旗下了。但是，衡諸當前芝加哥市議會中的種族對立，黑人市長與白人議員集團間明爭暗鬥，卻證明了種族主義的確是一項執拗的因素，在可見的將來，仍然將成爲美國政治發展上的重要變數。對於總統大選而言，影響亦必然極爲深重。

因此，傑克森的聲望暴漲，對於民主黨候選人間的實力消長，影響甚鉅。目前受工會大力支持的孟岱爾，很可能在傑克森抬頭的情況下，失去許多票源，使溫和保守取向的前太空人葛倫反蒙其利。當然，葛倫未來的選舉策略與政策取向也甚爲重要。但如果他能在種族主義的保障下，獲得民主黨保守選民的支持，則必然能對同採保守立場的共和黨雷根，構成大選上的威脅。當然，如果葛倫眞能角逐民主黨候選人成功，而傑克森或其他候選人又堅持以獨立候選人姿態出戰，則情勢之變，就更爲複雜了。不過，對雷根的選民基礎而言，則因保守力量與種族主義的護衞，傑克森對其個人的影響實甚微末。但對民主黨內部的情勢變動，則必然是劇烈的。

民權實質成長有待黑人自覺

從傑克森參選開始，許多政治分析家就考慮到民主黨推出一位黑人副總統候選人的可能性。由於傑克森的抬頭，此一呼聲或將重受注目。但以當前美國少數族裔的力量來看，以黑人出馬副總統的時機是否成熟，仍不無疑問。另一方面，從白人的角度看來，民權法案的推動不過二十年的光景，種族主義的陰影仍時而復現。從芝加哥的選舉可看出，許多白人仍利用社會化的教育方式，灌輸下一代白人的仇黑意識，因此，白人中開明與保守力量的消長，實爲黑人是否可能出頭的重要因素。當然，少數族裔（尤其是黑人與西裔）的大幅度動員參選，也一定會影響選舉成敗。就這些因素來看，推出一位黑人副總統候選人，或許是可行之舉。果如是，雷根的選舉策略，也就要改弦易轍了。

除了上述結構性的因素，大選過程中候選人的個人策略（如政見發表、聯盟方式等）也將對選舉情勢構成直接的影響。傑克森的敍利亞之行，雖然遭到許多暗箭的攻擊，指其擺選舉姿勢或挑起黑人支持情緒等，但對黑權的提高而言，則大有助益。試想，如果有一天一位亞裔人士能以美國總統候選人身分。到中南美洲擔任營救戰俘工作，而且圓滿完成使命，則對亞裔民眾而言，將是多大的激勵作用！因而，傑克森之行，儘管遭來白人內心的拒斥，但在公開場合裏，所有的總統候選人，包括雷根，都表示贊許和慶賀之意。傑克森以一反對黨的少數族裔候選人身分，竟能完成一次外交營救任務，亦足以顯示美國執政者的寬容和美國民主的成就，光就此點，即值得所有非西方社會的從政人士所反省效法！

當然，就保守持重的立場看來，基於黑人與少數族裔的利益考慮，最好還是由民主黨推出一對重視勞工與少數民族利益的白人候選人，以免在大選上挑起黑白對立，甚至造成黑白選民大動員，創下投票率的新紀錄。許多觀察家就認爲，黑人與西裔如果能在各地大城市市長選舉中多選幾回，把紐約等地的市長寶座拉回來坐幾年，以實際政績換來一些白人選民民心，再角逐大選也不遲。但政治現實與理論永遠是存在著距離的。如果沒有金恩這樣的領袖喚醒黑魂、激起白人的內疚，民權的成長或許還要遲上好多年，如果沒有許多位大法官與政治家的推波助瀾；使民權運動蔚爲巨流，也許今天在美國南方我們所有中國人仍然淪爲次等公民。同理，如果沒有傑克森的毅然出馬，黑人的形象也不會如此突出。因而，選舉的成敗不計，單是傑克森的參選一點，就已意義非比尋常了。

在民主程序中調和種族利益

因此，就長期的眼光看來，不管傑克森的敍利亞之行的目的與意圖如何，其影響卻是積極的。在民主政治的常規中，競爭者的互相攻擊乃是常事，懷疑對方目的純潔性的人也所在多有。但指責對方別具野心是一回事，自己參選本身也一定夾雜著「聖潔」之外的目的。民主重視的是程序的和平性與合法性，重視的是選民的最後抉擇。試想，當年黑人金恩不正是在種族主義者的扭曲下，成爲胡佛局長和華萊士州長眼中的左翼共黨同路人嗎？但今天，在選民的鞭策下，連保守的雷根都不得不宣布將金恩的生辰訂爲美國的聯邦假日了。傑克森的敍利亞之行，和雷根的選前政策一樣，都是選舉策略的一部份，也都是一場政治作秀，我們卻在作秀之中看到了黑人力量的成長。而這股成長的力量，可預料的，在未來幾十年甚至百年之後，仍將遭到種族主義的傾軋與威脅，但這卻是對美國民主的最佳考驗。因爲，美國會不會成爲種族的大熔爐、能不能建立眞正的全民民主（而非白人民主），都維繫在黑白選舉這一問題之上。前景也許是無法樂估的，但基於對民主的信心和對進步的信念，我們卻必須努力，以期看到民主政治的成長和種族主義的怯場。對於中國人而言，這也是一場値得重視的民主課，有待大家一齊來參加！

紀念金恩

一九八六年是黑人民權領袖，非暴力抗議運動的倡議者，諾貝爾和平獎得主馬丁・路德・金恩的第十九年忌辰，也是其貢獻正式獲得全盤肯定的年代。金恩的生辰成爲除華盛頓總統以外，第一個政治家生日訂爲聯邦的假日。金恩的塑像也進入華府，與美國開國元勳並列，成爲其中第一位黑人的雕像。對於與黑人同列「有色人種」，同爲少數民族的亞裔與華人而言，金恩的貢獻是值得我們深切反省的。

種族平等主義的先驅

一提起黑人，許多華人的潛意識裏，就會湧現幾許陰影，「黑鬼」二字也就浮出心頭。在美華人多多少少總有幾許種族歧視的經驗，也總少不了被白人種族主義者暗瞄幾眼。在保守的中西部與南部，更會直接間接的感覺到種族歧視的壓力。但即使是受到白人的歧視，許多華人總覺得，自己多少要比黑人高人一等，逐漸地也就培養出一種莫名的優越感。在種族等差上將自己排入第二位，雖不及白人，但總比「黑鬼」、「波匪」要好一點。

這種難以言詮的潛在優越感，正是種族主義的根源，也正是黑人牧師金恩一生奮鬪對抗的目標所在。只是有某些人缺乏歷史的知識與感情，不了解今天美國亞裔與華人所以能享有基本的、平等的法律保障，實有賴黑人民權運動之賜。當年黑人與開明派白人在街頭流血流汗，進行和平示威與城市及校園抗議運動，歷經二十年滄桑，方才爲民權平等舖下了穩定的基石。如果沒有他們當年的舖路，今天在南方的亞裔與華人，可能還要面臨次等公民的待遇，在異族通婚、租屋購屋、平等就業、公平入學等問題上面臨層層的桎梏。

金恩自己就是一個長期以來面臨不平等待遇的黑人精英分子。他出生於一九二九年一月十五日，十九歲自大學畢業後就致力於傳教與民權運動，當時在南方各州仍實施黑白隔離政策，亞裔亦列入有色人種，受到歧視待遇（後來在某些州則被視爲白人）。凡是公共汽車、餐館、洗手間等公共設施，均實施黑白隔離，各有設施，白人學校就不允許黑人就讀。當時爲了使這些制度合理化，乃創設了一個特別的名詞：「分離而平等」，這就像是今天的南非一樣，以白人的福祉爲優先考慮，有色人種則不得不在隔離之下，享有「豢養的平等與自由」！

倡導非暴力運動

早期來美的華人，也曾受到過種族主義的侵凌，歷經移民局等的折磨，但隨著黑人民權意識的成長，華人也逐漸獲得民權法案的保障，能與其他族裔同獲平等的待遇與機會。但其中最有力的一支民權推動力量，厥爲金恩的非暴力運動。

關於金恩一生奮鬪的史實，此處不贅。但從綜合的角度觀察，金恩的民權運動有四項重要的來源：

㈠基於宗教的情懷，對基督上帝的信心，也對人類生而平等有著樂觀的期待。

㈡金恩對宗教的啟示有著根深蒂固的信心，他認爲爲了正義，必須實踐宗教的啟示，實踐民權平等的夢，他的名言是「我有一個夢」，這個夢正是「美國之夢」的一部份，在他一生的實踐中獲得了大部份的成功，但也因他的猝亡而未全盤實現。

㈢金恩深知他個人的宗教力量極爲有限，這種謙卑感使得他的行動特別審愼，也特別著重手段上的溫和性。

㈣金恩深知他的黑權運動在國際上會產生顯著的影響，因此採取的手段有著深刻的啟示意義。事實上，正由於美國黑權運動的發展，黑人非洲及第三世界其他地區獲得了獨立的契機，一九六〇年代初期，在短短的三年之間，就有二十餘個非洲國家宣告獨立。金恩的和平運動，無疑爲全球的民權與獨立運動，提供了重要的典範。

堅持和平的道路

但是金恩自己也深知從事非暴力運動的艱難，在白人種族主義組織，如三K黨、約翰・伯奇協會、美國軍團、美國納粹黨、白人第一委員會等的威脅下，許多民權領袖飽受摧殘，金恩自己也曾多次入獄，他和許多同志甚至在最後死於非命，但是對人類平等的樂觀期待，卻使他一直堅持著和平的道路，直至最終在血泊中倒下。

金恩自己曾解釋過非暴力運動的積極性。他說：「非暴力抵抗者和暴力抗議者是一樣堅強的，因爲非暴力抵抗者的心靈與情感是堅定而活躍的，他堅決地說服他的反對者，告訴他們錯誤在那裏。因此和平非暴力的方法在物質與肉體上雖然是消極的，但在精神上卻是活躍而積極的。」這種精神正是當年甘地不抵抗運動的延續，同時也爲當前南非宗教領袖杜圖所倣傚，又爲諾貝爾和平獎所肯定，而爲全球所矚目而稱道。

但是，雖然金恩一生堅執和平的道路，頑強的種族主義卻使他的黑人同胞逐漸喪失了耐性。一九六〇年代中期以後的黑人暴動，波及數百城市，死傷無數。雖然聯邦政府與軍隊一直在和平抗議運動旁細心守護，以抵擋南部地方政府的禁制措施，但無辜的死傷者也在增加，使得黑人羣眾越來越失去控制力，過去二十年間，此起彼落的種族暴亂，實充份說明了和平運動的艱難，也象徵著金恩一生所堅持的理想，實在需要有非凡的毅力，才能獲得穩定的保障。

後繼有人仍待奮鬥

自從金恩死後，黑權運動中再未出現同樣影響力的領袖，但當今活躍的黑人政治家中，如傑克森、楊格等人，仍多係當年金恩的隨眾，也無不以金恩的繼承人自任，希望能貫徹他的遺命與理想。可惜的是，金恩生前最後的理想——團結各族裔窮人，尋求生活的基本改善，卻始終未獲實踐的機會。今天都市黑人區中普遍的貧窮與落後狀況，正是民權法律的改革所力有未逮，這也是過去民權運動未能企及的領域。

雖然民權運動急速發展的時代已經過去了，金恩奮鬥的成果也已寫進了歷史，但民權平等的理想卻還有待繼續推動。一九八〇年以來，新興的華裔與亞裔浪潮為美國民權史帶進了新的年代，陳果仁的冤魂也明白地告訴我們，種族主義的陰影未嘗稍斷。在這樣的時空背景下，紀念金恩的生辰時，我們當撇開自己心頭潛存的種族主義陰影，細心從金恩的啟示和黑權的經驗中吸取可貴的養分。

美國的女權

不久以前，堅持多妻制的美國「前摩門教徒」，再度引起了新聞界的興趣。除了美國各通訊社的報導外，美國國家廣播公司還在晚間電視聯播新聞裏介紹了一位娶了六個妻子的「一家之主」。並紡問他的妻子們，談家庭和睦之道等問題。另外，據報導，許多「前摩門教徒」，多年前因不滿教會裏廢除多妻制的規定，乾脆搬離了摩門教猶他州，在西南部阿利桑那州北邊的科羅拉多城聚集下來，使得這個小城目前已經成爲多妻制的大本營。在女權抬頭近二十年後的今天，這幾則新聞恐怕要讓女權運動者惱火不已，而又百思不得其解吧！

「面世社交晚會」重新振起

在「前摩門教徒」的「餘孽」未了之際，美國聯邦人口統計局的一位研究員又發表了一份報告，指出美國男女職業收入的差距雖然已逐漸減小，而且白人職業婦女受高等教育的比例（百分之廿七）已與白人男子相等，但在一九八〇年時，男女就業時的起薪卻仍然出現百分之二十左右的差距。這項報告所顯示的，就不僅是「齊人之福」這類的零星特例了。它說明即使是今天婦運甚囂塵上，但傳統的保守力量卻是既深且鉅的。而且保守的力量不僅是頑抗到底，還有更新復甦跡象。近年來富豪名媛的「面世社交晚會」（Debutant）重新振起，就是明證之一。

根據紐約時報的報導，美國這種炫耀名媛身家地位的面世社交晚會，在七十年代曾因女權運動的勃興而黯淡一陣。在一九六〇年以前，一次社交晚會裏總有一百位左右的名門閨秀參加，穿著華麗的禮服跳著舞，唱著歌，宣告她們「入世」了。但在一九七〇年代末期，這種晚會減少到平均一場只有二十來人上場。近年來，情形卻大有改觀。去年聖誕節時，單是紐約市一地，接連幾天就有三場晚會舉行，參加者則從五十人到七十七人不等。這說明了許多巨富豪門裏的女性，又逐漸回到當年小婦人的時代了。在女性主義強調的獨立，自覺、自力向上和男性沙文主義要求的嬌媚、乖巧、花俏柔順之間，似乎後者又重新抬頭。當然，這些名媛雖看似柔媚，卻一定是在階級和身份的前提下物色對象的，和「前摩門教徒」基於愛情、傳統宗教信仰和經濟考慮甘爲「如夫人」的情況，自是大相逕庭。但是，從女權運動的角度看來，這兩者卻都是愚昧、無知的化身，對男女平權化的標的也構成了嚴厲的妨礙。換言之，這是來自女性陣營內部自挖牆角的作法，都是不可思議的行徑。

正因爲這些不可思議的現象的確存在著，女權運動在發展上的障礙也是不可輕忽的。但嚴格說來，十餘年來女權運動在美國的發展，成就也非同小可，她們的確已爲女性爭取到較公平的待遇和機會，使得婦女從「第二性」的次等角色逐漸獲得平等的地位。即使保守如雷根者，尚不得不拉攏女權領袖，任命女性閣員及大法官，雖然這主要係基於對女性選票的考慮，但其中也非完全無提高女權、尊重女性的因素。今天，美國的社會裏雖然仍存在著一些體制上兩性不平等的現象，諸如同工不同酬、晉升機會不均等，另外少數傳統上歧視女性的行業也尚未能完全改革。但基本上，這些差距的縮減卻必須經由傳播、教育與社會化媒介的推動，逐步感化保守派和男性中心主義者，並由立法加以保障，才可能得以改善。而在這一長遠的奮鬪過程中，女性的自覺與合作，恐怕還是最重要的條件。否則若像是拖延經年的「婦女平權法案修正案」，在女性中即同時存在支持者與反對者兩股力量，則女權運動的阻力，自然是無法消解的了。

漸進改革與教育改革

因此，對於當前婦運支持者而言，體認婦女陣營裏的分化現象，採取漸進改革與教育改革的長遠作法，恐怕還是最有效之舉。首先，女權主義者必須承認由於女性愛美、重視愛情及體格較弱及經濟上不獨立等先天的或傳統上的限制，使得她們難以從觀念上改變自己的身分和處境，甘於多妻制的「前摩門教徒」及甘於裝腔作勢和虛浮榮耀的社交名媛，都是女性自力更生、自尊自重的最大敵人。其次，在女性克服她們內在敵人的同時，她們也會觸及到一些根本的體制性問題。例如，消防隊、海軍、採礦這些傳統上清一色的男性行業，在短期之內就很難容許女性加入，即使有些已經由立法性的規章確保了女性參與的權益，但仍然會遭到性別與人事上的傾軋。

另外，由於某些行業（如電視、電影、成衣、化妝業等）在宣揚女性的健美、柔媚、嬌順上不遺餘力，使得傳統性的障礙更難以泯除，今天在歐美及許多亞非拉國家的社會裏，以好萊塢爲象徵的價值體系，正在推波助瀾的將女性形象做公式化的變形推銷。當年以反戰、婦運等前衞角色著稱的珍芳達，今天竟然一變而爲美國中年婦女健美、性感的代名詞，在這樣的情況下，婦女地位的眞實提昇，自然是難上加難了。因而，婦女運動者應該體認這些發展上的難題，唯有經由教育與傳播途徑，逐漸勸請婦女自尊自重，培養經濟與社會的獨立地位，使婦女體認到自己不應僅以取悅男性爲樂，還應將精力多花在自身的修養與磨練上，日後才得摒除花瓶性的角色，在平等的基礎上，眞正的與男性一較長短。也只有如此，婦女運動的使命才可能得以完成。而「齊人之樂」、「性感象徵」、「名媛面世社交禮」這些玩意也才可能有銷聲匿跡的一天。

衡諸現狀，瞻望將來，女權運動雖然已經跨出了她的一大步，但前景如何，卻難以逆料，唯一可確定的是，女權運動的將來仍像她過去的歷史一樣，還有很長很長的路待走。

歐洲共產主義的式微

——談義共與法共的發展趨勢

西歐的兩大共黨——義大利共產黨和法國共產黨，最近面臨了嚴重的考驗。義共、法共和西班牙共產黨自一九七〇年代中期，以「歐共主義」姿態出現後，曾經在西方自由陣營中引起相當大的影響。但曾幾何時，「歐共主義」的和平形象逐漸失去它的魅力，如今已面臨了何去何從的關鍵。由於義共與法共未來的成敗，將直接牽涉到共黨及左派政黨在自由世界的發展策略以及黨內改革的問題，因而對這兩個共黨最近發展趨勢加以探討，實有其意義。

義共陷入意識型態困局

義共擁有黨員一百七十萬人，是西方自由世界中的最大共黨。在一九七六年大選中，由於義共以「歐共主義」的政策做爲號召，強調在實行西方議會民主制度的國家中，共黨應採取和平的手段，揚棄流血革命和暴力鬪爭，因而獲得了百分之三十四的選票，直接威脅到執政的基督敎民主黨，後者當時只比它多了百分之四的選票。三年後，義共聲勢略遜，但仍然掌握了百分之三十點四的選票，而基民黨也維持百分之三十八左右的優勢。在一九七九年的選舉之前，義共曾參與基民黨聯合政府的決策過程，不過並無內閣席位。但這次合作只維持了十個月之久，原因是美國政府的反對，以及前總理莫洛被赤軍連所綁架殺害。在這裏應強調的，赤軍連基本上與義共當局是採取完全對立立場的。前者主張暴力激進路線，後者則要求民主、和平和議會路線。義共領袖貝林格多年來一直強調所謂的「歷史的妥協」，在意識型態與政策路線上採取了許多修正措施，諸如嚴厲批評蘇聯的社會帝國主義和侵略他國的行徑，支持義大利留在北約，與西歐各國結盟，以及與基督敎政黨和其他左派政黨合作，組織政府等。雖然這些作法引起了蘇聯及東歐集團極大的不滿，但鑑於義共在其國內的影響力，以及貝林格本人在其黨內的突出聲望，蘇聯集團始終未與義共完全決裂。即使蘇共與義共當局長期以來一直互相攻擊，但仍然在表面上維持相當的友好關係。

同樣的，雖然義共與中共在意識型態上差異亦甚大，但在外交關係上卻頗有增進的趨勢，自一九八〇年四月間貝林格訪問中共以後，雙方關係就不斷在改善之中。事實上，義共當局長期以來一直就保有外交上及意識型態上獨立自主的傳統，諸如其早期領袖葛蘭西的思想，卽爲西方馬克斯主義者譽爲新馬克斯主義的典範。

義共在一九七〇年代確曾吸引了許多選民的重視，近年來卻因它逐漸面臨了意識型態的兩難局面，而失去了原有的光彩。義共的難題，乃在它一方面以共黨的角色出現，使得保守主義者和傳統主義者皆對其產生畏心。另一方面，由於它的歐共主義的修正色彩，減低了黨的革命性與戰鬪性，使得它對極端分子又缺乏吸引力，甚至導致了黨內史達林主義者的分歧，因此黨內的不團結也影響其選票的來源。南斯拉夫前副總統吉拉斯在一九七九年十二月接受英國筆匯雜誌訪問時即指出，雖然他對義共領袖的改革誠意不表懷疑，但卻對黨內意識型態的分歧表示躭憂。對於西方世界的共黨來說，在修正主義與極權主義間的徘徊，或者說在選票及革命手段間的躊躇，也許是一個不易解決的永久難題吧！

法共聲勢受挫如出一轍

如果說義共可能因左派的內鬨而失利，那麼在法國的情形可能也將如此。法共加入密特朗的社會主義政府後，一直擺低姿勢，希望避免與社會黨的立場發生衝突。法共雖然也標榜「歐共主義」，但因其與蘇聯維持長期的親密關係，以及黨內親蘇派的勢力雄厚，因此在歐共主義三大黨中，一向被視爲「異數」。法共總書記馬樹從不願意公開譴責蘇聯，但自加入社會黨的聯合政府後，已表現了相當大的彈性。

第一樁事情是法國法院對法共選舉舞弊的判決。在一九八三年三月的地方選舉中，法共在許多城市獲得了勝利，但其中有十二個法共獲勝的城市選舉被發現有作票嫌疑。結果法院判決這十二個地區的市長將重新選舉，雖然社會黨政府避免對舞弊事件公開譴責，但如何重新辦理選舉卻令其頗費周章。法國總理毛洛利最近表示，十二位市長的重新選舉不會同時舉行，顯然這是避免因同時重選，形成與全民複決一樣，對左派執政和法共不名譽事件產生裁判的效果。社會黨本身也很不情願繼續支持法共在新的選舉中獲勝。畢竟，做爲一個執政黨，要對發生醜聞的友黨表示友誼，實在很不容易。

第二椿事則牽涉到法共的外交立場。一九八三年六月二十日法共在巴黎發動了一場反北約的示威行動。由於示威本身顯然隱含親蘇的色彩，社會黨及其他和平主義團體均未參加，這顯示了法共的傳統包袱實在過於深重。在一九七〇年代末期，法共亦因親蘇的立場而與義共和西共發生衝突。而且法共一向採取反對北約的立場，也與其他二個西歐共黨針鋒相對。另一方面社會黨政府反對蘇聯在歐洲建立核子優勢的政策，在法共眼裏，也始終不能眞正接受。

在歐共主義三大黨中，法共一向被懷疑其眞正的改革意向。許多西方的觀察家都疑慮法共的修正立場僅係爭取選票，做做姿態而已。事實上，在阿富汗事件上，法共即始終採取支持蘇聯的立場。即連一九八二年法共領袖馬榭訪問中共，也儘量避免談及對蘇聯的態度。其所以改善與中共的關係，也不過係故意表示中立的色彩而已。由於法共黨內的親蘇派勢力太大，以及黨領導人中多具有史達林主義傾向，使得它的修正主義色彩，始終並不明顯。這些意識型態上的差異，或許可因政治利益的考慮而掩蓋一時，一旦遇到其他事件的煽火，最後終究還是要爆發的。

共黨世界極權體制的死結

美國廣播公司在一九八四年八月廿八日的晚間頭條新聞裏，報導了蘇聯領導人契爾年科可能重病的消息，新聞中特別強調這可能是兩年多來蘇聯面臨的第三次繼承危機。這顯示近來有關契氏生病的傳說似乎是確鑿的，而證諸過去契氏在公共場合身體違和的情況看來，這位與雷根總統年齡相若的共黨領導人，卽使能克服這次的病魔纏身，也絕難在未來幾年逃過生死大限。這不但會對美蘇對抗與核子競賽發生具體的影響，也會因領導人的年齡問題，對美國大選造成一些潛伏性的暗喻效果。但就美蘇兩種不同政治體制而言，領導者個人生死的影響，畢竟仍以蘇聯體制所受的波及較大，卽使是這樣一個制度化已久的極權政黨，也無法免於政潮的波動和領導層的鬪爭，至於制度化尚未建立的國家與政黨，則更無庸論矣，這可從北韓、中共、外蒙古等例子上獲得證實。

脫離不了封建心態

北韓是第一個採取世襲制的共黨政權，金日成在朝鮮半島上處心積慮了三十餘年，將整個北韓歷史改寫，使金氏家族與北韓的發展結合爲一，他的父親成了民族英雄，他自己成了紅朝天子，他的兒子當然也成爲「法定」的繼承人了。金日成、金正日父子王朝的建立，象徵共產政權與傳統封建體制結合的可能性；也說明了以國際主義，反家族封建主義與反傳統主義起家的共黨政權，仍然逃不過東方「專制」文化的影響。文革期間毛澤東所扮演的紅朝太皇和今天金日成的父終子繼，都說明共黨革命雖然推翻了舊社會體制和階級關係，卻仍然革除不了共黨領導人心中的封建餘毒。因此，共黨革命終究還是不完全的革命；革命只有在革人家命時有意義，對自己卻常常派不上用場。毛澤東要求人人不斷革命，但終究排除了他自己！

類似的革他人之命的表演，三十多年來一直在中國大陸連連登場。文革結束以前的顯例不提，鄧小平近期的表現，也越來越走上東方老人政治的專制格套中去了。學毛澤東游泳，學毛澤東罵人，以不信邪自豪，以輕蔑的口氣否定香港民意的作法，都顯示自大妄爲、目空一切的帝王作風，至於否定憲法肯定的「人代會」的地位，將副委員長斥之爲「胡說八道」的蠻幹作爲，更顯示了「開國元勳」的草莽氣焰。一方面這表明了共黨國家領導人的目中無法，同時也提醒我們：「專制的時代並沒有一去不返！」至於海內外某些人期待「鄧青天」的心態，更顯示了在中國政治與社會的結構裏，傳統帝王與臣民的關係，只是經過了有限度的轉化，卻還未經過眞正創造性、根本性的改造歷程。由此可知，民主在中國的建立，還需要長遠的教育與文化改革的工夫，必須經過一代代的改造，才可能使封建與帝王的心態逐漸消弭。

難逃人治的不穩定

老年政治與極權體制死結之間的關係，不僅是封建思想的重現（此處「封建」是指常識意義的用法，與西方的封建經濟與社會體制無必然關係），也不僅表現在世襲制度和帝王思想模式之上，同時它也可由強烈的人治色彩以及制度的不穩定性上看出來。由於極權體制與強人政治之間有著密切的關係，領導者的更替始終只有訴諸死亡、鬪爭與罷黜等手段，換言之，只有極端的作法才能解決領導層換班的問題。從此點看來，所有的極權體制（或共黨體制）都只能有限度的建立制度化，因爲在最終的領導人更替這一層面上，制度化（包括任期制度、民意鑑定、權力制衡等）終究是不可能的。卽使是受到民主思潮洗禮的西歐共產黨，仍然難以擺脫這樣的限制。義共領導人貝林格是因病死亡的，西共總書記卡里略是因大選失敗而被黜的，而法共領袖馬榭卻一直避免黨內新興的壓力，卽使是過去的選舉失利或最近的退出內閣也仍然是高踞其位，賴著不肯下臺。另外在不斷尋求改革的南斯拉夫，狄托元帥也實施過純粹個人化的體制（狄托爲南共聯盟主席，任期「無限」。）另外他還定訂了主席和執行主席的雙重制度，直到一九八〇年他死後，南共聯盟才取消了執行主席的職位。上述的例子淸楚的說明，卽使是狄托或貝林格這樣突出的領導人，仍然無法突破共黨體制的先天局限，也不能超越權力掌有者的死結，遑論交出權力，建立起穩定持久的制度來。

由於上述的原因，最近外蒙古共黨（人民革命黨）政權領導人契登巴爾的因病退位，也就自然被觀察家解釋爲一場鬪爭失敗的結果了。雖然共黨領導人中被黜者的命運已經日漸改善，甚至得以安享餘年免受囹圄放逐之苦。但被黜終究不同於民主體系下的任期制或退休制。因爲，旣然權力的來源不在民意，這些老年的領導人也就樂得在權力的榮耀中與世長辭了。除非等到他們自然死去，（或者被鬪下臺），權力的交替幾乎完全無所依循。在這樣的體制下，政治的穩定、政策的持續、行政的運行乃至社會秩序的維持，都會受到深重的威脅。這就是爲什麼每一次蘇聯領導人生病時，都會對美蘇關係及世界秩序，造成潛伏性的威脅，這也就是爲什麼香港民眾對鄧小平死後實施「一國兩制」的可能性，深感憂心忡忡了。

無法祛除極權包袱

近年來，許多西方學者對「極權體制」的說法，重新加以界定。依據嚴格的定義，只有希特勒時代的德國和史達林時代的蘇聯，合乎極權主義的指涉，但是若就權力歸屬和政治控制兩方面而言，當前的共黨政權仍多符合極權的定義。雖然東歐各國已有長期的改革化經驗，中共與蘇聯也已肯定了修正主義的方向，自由世界的共黨更是早已開始廣泛的改革措施，但就權力繼承和民主集中制這兩點而言，極權的包袱仍然無法袪除。這就是爲什麼波蘭工聯希望在民主基礎上，建立另一個工人政黨的原因；這也就是爲什麼王希哲等人要積極主張成立不同的無產階級政黨及工人黨的理由了。在一黨獨霸，領袖獨裁而領導人交班又遙遙無期的體制下，一個號稱革命，實則保守的政黨或政權，如何去修正、改革他自己身上的問題，又如何去完成「革命」的使命呢？

雖然，最近蘇聯領導人又在公開場合露面，但是對於一位耄耋的老人而言，在理當抱孫貽養的年歲裏，硬要撐持著病體、追逐著權力，並爲世人代作決策，終究有怎樣的意義呢？也許這只印證了前人的警告：權力使人腐化，權力使人瘋狂，權力使人追逐竟日，至死方休吧！

恐怖主義與當代政治

——從印度暗殺事件談起

甘地夫人在血泊中倒下，流亡海外的錫克激進份子在街上狂歡，而印度許多地區卻陷入了無政府的狂亂狀態。在短短的幾天內，逾千名印度人與錫克人已死於非命，有的在街頭暴動中飲恨黃泉，有的在種族仇恨的火焰中化爲灰燼，還有少數人則在驚聞噩耗後自絕人寰。在鎮日恐怖的新聞報導中，在刀光血影的末日慘象裏，我們不禁要問：人命爲何如此輕賤？暗殺事件爲何層出不窮？恐怖主義爲何終無休日？而，這一切又終究是因何而來？

種族宗教衝突助長仇恨

如果要用簡單的幾句話回答上列的問題，那就是，人類社會的不公正與不平等，造就了恐怖主義的橫行。科技的發達、交通的便捷和武器市場的國際化，更直接提供恐怖主義者各種利便。

但最根本的原因還是，當代政治社會中的種族、宗教與意識形態的衝突，以及民主政體本身的缺陷，卻提供了恐怖主義的溫床。由於政治體制本身無法提供有效的、和平的衝突解決途徑，才造成了恐怖主義者的鋌而走險。但是，恐怖主義者雖然以個別的行動解決了立即的問題，也把他們所憎恨的個別目標從世上除去，但卻往往無法解決根本的、結構性的政治、社會與經濟問題。而且，有時甚至還會使得他們所憎惡的現象更爲惡化，其結果則是，情緒雖獲得了一時的宣洩，而問題卻未得解決。

根據不完全的統計，在過去的三十五年中，至少有廿五位世界各國的政治領袖慘死於非命。其中有許多是因宗教、種族與意識形態的仇恨而亡，有些則因政變而死，也有一些則係因意外事件而終（如沙烏地阿拉伯費瑟國王死於侄兒之手）。但在這些事件中，只有一部份可歸類於恐怖主義事件。依據一般性的定義，恐怖主義（Terrorism）是指運用組織性的力量，以暴力的行動或威脅，對所反對的目標造成立即的傷害，其目標不僅包括其目的對象之個人，而且也及於這些目標的親屬或同僚。在手段上，它則包括暗殺、爆炸、綁架和刼機等。

暴力手段爭取政治變革

恐怖主義的行動者，通常是在野的反對者，當他們的目標無法通過政治手段（參與、遊說等）獲得解決時，乃採取非法的行徑，以期得到卽刻的革命性效果。但有時恐怖主義亦包括政府的行動在內，如納粹時代的德國、法西斯時代的義大利和史達林時代的蘇聯，都運用秘密警察以遂行其誅除異己的恐怖任務。當前我們使用恐怖主義一詞時，多半指的是反政府、極端性的組織行動。因此，許多游擊隊的暴力行動也會被列入恐怖主義的範疇。但無論採取何種定義，游擊隊所採取的戰爭革命行動（包括內戰、革命戰爭、民族解放等），並不屬於恐怖主義的範圍。

恐怖主義一詞，源起於法國大革命期間。採取極端行動的雅克賓黨人，用此一詞彙表達他們的行動（亦即「恐怖統治」），當時「恐怖主義」卻是以正面的意義出現的。稍後，此一字眼被界定爲一個恐怖的系統。恐怖主義者則是指運用強制威嚇的系統性行動，以強行推動其見解的人們。但是恐怖主義的行動，卻並不一定限於法國大革命之後才有，在西方政教衝突過程中，如十七世紀初之英國即曾出現過教徒謀刺英王詹姆士一世的未遂事件。但恐怖主義做爲一具體的現象，而且備受矚目，卻是在十九世紀下半葉以後，帝俄時代安納其主義者的謀刺沙皇，即爲顯例。當時各國極端狂熱分子，在對社會不平等、貧富階級懸殊差距的憤怒情緒導引下，紛紛組成暗殺黨，希望藉著推翻國王或政府領導者的非常手段，以圖根本改革政治。

刺殺一人無補天下蒼生

在西風東漸的潮流中，日本的左派知識分子，也在極度的絕望中，走上了暗殺黨人的道途。如「共產黨宣言」的日文譯者之一的幸德秋水（一八七一——一九一一），即受到克魯泡特金等人的影響，對議會政治感到灰心，而主張以總同盟罷工等「直接行動」的方式，奪取政權。在一連串的政府鎮壓行動後，幸德秋水等人日趨激烈，最後終於被日本政府指爲謀刺天皇而慘遭殺戮。不管幸德秋水等人是否眞正採取了謀殺的行動，但他們的確認爲只有除去天皇，才能改革政治。這種「除一人得救天下」的心態，的確普遍存在於許多恐怖主義者與革命者的心目中。清末反滿的革命黨人中，有許多志士亦受此一風氣影響，而發動了謀刺恩銘、彈炸五大臣等著名事件。

恐怖主義者所期望遂行之最終目標（祛除政治社會的不平等現象），卻往往不會因爲他們的直接恐怖行動而獲得解決。他們個人的犧牲，也往往無法帶來較大的平等與和平，有時還會適得其反，製造了更大的鎮壓行動或政治暴亂，也爲同胞帶來更大的犧牲。這尤以因種族或宗教的爭端而引起的恐怖主義運動最爲顯著。二次世界大戰以來的巴勒斯坦解放組織、北愛爾蘭共和軍，乃至亞美尼亞、巴斯克等解放運動所採取的恐怖行動，都不乏這些例子。這次錫克人的刺殺行動，更足證實。而且，由於國際間對於恐怖主義常常採取敵視的態度，因而恐怖行動(如刧機)，更不易獲得他國的支持。除了少數的幾個國家，如利比亞、古巴等，對恐怖主義者採取保護態度外，大部分的國家均基於對外關係與對內治安的雙重考慮，嚴密監視恐怖分子的行動，甚至將其摒除於國門之外。

冤冤相報舉世永無寧日

由於恐怖主義的組織多同時兼爲分離運動者，在其國內亦多受到欺凌，因此，只要這些組織捐棄了恐怖的行動，許多國家仍然會基於人道的理由，予以保護。多年來法國政府一直就對西班牙巴斯克分離主義者採取同情的態度，拒絕西班牙政府的引渡要求（但如有恐怖行動則仍需繩之以法），直到本屆法內閣，態度才開始有所轉變。另外，過去聯合國公然邀請巴解的阿拉法特與會，也顯示國際間對分離主義者的態度並不一致。但同情分離運動而反對恐怖運動，或者支持其中的溫和派而反對其暴力行動派的基本態度，則經常是一致的。最近諾貝爾和平獎贈與南非的溫和派黑人牧師杜圖，也是這種鼓勵和平運動的表示。

但是，恐怖主義運動並不會因這種鼓舞和平運動的浪潮而消弭，也不會因現代化歷程而解消。因爲恐怖主義的起源在於政治、社會的不平等，只要民主制度有其缺陷，只要種族歧視、宗教紛爭與意識形態信仰等分歧無法通過政治體制而獲得解決，恐怖主義就會繼續存在。只要這種歧視現象繼續存在著，就會有人在「不自由，毋寧死」的使命要求下，走上暴力顚覆的道路。因此，恐怖主義雖是世人所反對的，但也是一個不易解決的長遠課題。錫克人與印度人之間走上冤冤相報的絕路，正爲此一困境寫下了慘痛的註腳。

從反體制到體制內改革

——哥倫比亞大學學潮事件的分析與詮釋

引言

一九六八年六月四日下午三時，紐約市上西城哥大附近的大教堂 Cathedral Church of St. John the Divine 裏，舉行著哥倫比亞大學的第二百一十四屆畢業典禮，爲數約三千的畢業生在此接受他們的學位。著名的美國史學者，哥大名教授 Richard Hofstadter 代表校長 Grayson Kirk 發表演講。他步上講臺，緩緩說道：

「長期以來，哥大就一直是我生命裏的一部份……」❶

就在這時，突然間，一位穿著畢業禮袍的學生站了起來，朝後走去。然後，幾百位畢業生緊跟著他，往教堂外魚貫而出。坐在前排的教授席中，也有一些人回頭加入了他們的行列。而此時

❶ 引自 Jerry L. Avorn, *Up Against the Ivy Wall.* (New York: Atheneum 1968) p. 280.

R. Hofstadter 的聲音卻仍在沉暗、偌大的教堂裏繼續低廻著，似乎一切事情都沒有發生。

教堂外，是重重的警衞圈，再遠一點，在哥大校門口附近，擠滿了示威學生，他們面對著從教堂步出的行列而雀躍歡呼，似乎見到了英雄歸來。這裏有另一場大學慶典在歡迎著他們——一個反對哥大既成體制的運動正在進行著最後的高潮。這羣異議的畢業生們，在哥大校園的廣場裏，舉行了屬於他們自己，卻不屬於校方的另一場畢業典禮。

這是一九六八年，震驚美國及西方世界的哥大學運事件的尾聲。三百位異議的畢業生依照哥大的傳統，在校園廣場裏舉行自己的畢業儀式，向母校的行政體制做了離校前最後的強烈抗議。哥大歷史系教授 Alexander Erlich 在校園裏的典禮上致詞，他說他爲同時舉行的兩場畢業典禮而感到困擾，但是如果沒有這邊這一場特殊的畢業典禮，那就更讓人心碎，因爲這是爲了建立一個美好哥大的新抗爭的始點。著名的心理分析學家 Erich Fromm 也告訴在場的學生和家長們，過去幾個月在哥大所發生的大學潮，是在一個日趨僵化的社會中，一場以生命爲名的革命，他指出，在當代的社會與教育系統中，人們的自由範疇已日趨於縮減，因此有時在一項戲劇化的行動中，採取較激烈的涉入態度，卻成爲唯一有效的行動良方了。Fromm 並引尼采的名言，稱讚學生們的「良心」行動，他鄭重的宣布：

「經常的情況是，一個未喪失心智（Mind）的人是因爲他沒有心智可以喪失！」

一個半月之後，哥大校長 Kirk 黯然宣佈提前退休，告別了他十五年的校長生涯，同時也爲一九六八年學運寫下了句點。

十七年後，平靜的哥大校園裏，另一代學生又開始了一場以正義、道德與平等爲名的示威抗議行動，並掀起了全國各大學間反南非白人政權的巨潮。二十一天的靜坐、示威、遊行、抗議，使得一九六八年春天的暴力鬪爭重又引回人們的記憶。究竟，這兩場學運的肇因與過程有那些異同之處，對美國的學運有何影響，同時又反映出怎樣的時代意義，無寧都是值得我們以比較仔細的態度深切思索的。而此一任務，卻必須從一九六八年學運的回顧談起❷。

一九六八：反體制的鬪爭

一九六八年是美國社會運動史上一個狂飈的時代。四月四日，偉大的民權領袖，主張非暴力策略的黑人牧師 Martin Luther King 遭人殺害身亡引起整個社會的震撼。四月下旬，紐約市的左派學生與黑人激進派蠢蠢欲動，哥倫比亞大學學生因爲抗議該校欲徵收臨近哈林區的晨邊公園（Morningside Park）做爲體育館用地，影響到鄰近黑人民眾的社區活動，乃於二十三日中

❷ 本文有關哥大一九六八年學運的資料，參考自 J. Avorn, ibid; Immanel Wallerstein & Paul Starr ed., *The University Crisis Reader*, (New York: Random House, 1971); Seymour Martin Lipset & Philip G. Altbach ed., *Students in Revolt*, (*Boston: Houghton Mifflin Company*, 1969); *Edward J Bacciocco, Jr.*, The New Left in America, (Stanford: Hoover Institution, 1974) 等書，題材所限，不做詳細註釋。

午向晨邊公園進軍，以示抗議。當時，反示威的學生們在一旁對峙。另外，示威學生也激烈地反對哥大與國防工業的關係，尤其反對「防衞分析研究所」（Institute for Defense Analysis, IDA）設置於該校之內。再者，由於越戰的刺激及種族不平等等項因素的推波助瀾，乃導致一次驚天動地的學潮事件，爲美國學運史與校園政治留下了血腥的汚點與沉痛的回憶。

四月二十三日下午一點半，事件急驟發展，數百位示威學生佔領了大學部教室爲主的漢彌頓廳（Hamilton Hall），將哥倫比亞學院（卽哥大的大學部）代理院長 Henry Coleman 押爲人質，他們並提出六項要求，分別是：

㈠日前哥大對六名示威學生領袖所作的懲處必須立卽取消；所有參與示威者也應獲得校方的大赦。

㈡Kirk 校長禁止學生在校內進行示威的禁令，必須取消。

㈢哥大在晨邊公園建築體育館的行動計劃必須立卽停止。

㈣今後校方對學生的懲處行動，必須經由學生與教師們參與的公聽會做決定，而且必須合乎「適當程序」（due process）的原則。

㈤哥大必須與「防衞分析研究所」劃清界限，不僅是書面上如此，也必須在事實上分清關係。校長 Kirk 和校董 William A. M. Burden 都必須辭去他們在防衞分析研究所內的有關職務。

㈥哥大校方應即撤銷對參與反對體育館示威行動的學生們所提出的法律控訴。

他們聲稱，除非學校應允上述這六項條件，否則將不放棄佔領行動。當天晚間十時，著名的政治學家，也是哥大的副校長 David Truman 宣佈校方不接受示威學生的要求，亦即仍將對示威者進行懲處，同時也否決學生將擁有參決校政決策的權利。此外，他也拒絕一位哲學教授的建議，不答應與學生進行討論談判，藉以使被拘的 Coleman 院長獲釋。

以後幾天的事件發展日益激烈。哥大校方由於深恐事端鬧大，引成流血事件，遲遲不敢召警入校逮捕學生。但另一方面，Kirk 校長卻也不願對示威學生讓步。在示威學生方面，則開始發生了黑白分裂，黑人學生進一步邀請哈林區附近的黑人民眾加入示威佔領的行列。二十五日清晨，佔據漢彌頓廳的白人學生被黑人驅走，轉而佔領了哥大的行政中心婁氏圖書館（Low Library，但該館早已不做圖書館用），並佔據了校長 Kirk 的辦公室。當天下午三時，被拘執的 Coleman 院長獲釋。許多哥大教授們此時也開會決定，反對允許領導示威的「民主社會學生團」（Students for a Democratic Society, SDS）繼續在校內活動。著名的文學評論家，也是哥大的文學教授崔林(Lionel Trilling)即表示，這種激烈的學生活動，將導致學園秩序的嚴重破壞。但同時教授們也多半反對召警入校以平息學潮。在學校行政當局方面，校長 Kirk 最擔心的，並不是在他的辦公室翻箱倒櫃的激進白人學生，而是佔據漢彌頓廳的黑人激進分子，因為一旦處理不善，黑白種族流血事件就要爆發，而處於哈林區邊，與黑人關係一向不睦的哥大更是危在旦夕了。此時，許多紐約市重要的黑人政治領袖，也被請來校園，擔任黑人學生與校方之間的聯絡人，但校方卻始終只接受示威者的要求之一，可撤除對他們的法庭控訴，但卻無法接受另一項要求，即不受校規懲處。Kirk 校長特別指出，哥大的處理措施具有全國性的示範效果，如果公然對佔領校園建築的學生施以特赦，將使得全國各地的學潮一發而不可收拾，因此這一原則必須堅守。

在僵持之中，局勢有進一步的發展，紐約市的警察開始滿佈校園，但並無任何逮捕行動。二十四深夜，建築系館（Avery Hall）被建築系學生佔據了。他們宣布支持前一天示威學生提出的六項要求，同時也反對哥大新體育館的建築行動。四小時之後，鄰近的另一棟建築費爾魏德館（Fayerweather Hall）也被激進的研究生們佔領。二十五日早晨，哈林區的民眾開始進入哥大遊行示威支持激進學生。反對示威的學生們也組織起來，試圖奪回費爾魏德館，但未成功。第二天凌晨，另一棟建築數學館（Mathematics Hall）又被示威者佔領，情況已完全無法收拾。

從四月二十六日到二十九日這幾天，哥大的教授們開會提出了幾種嘗試，希望藉以改善校方與學生間的惡劣關係，使佔領行動及早結束，但均因校方堅持原則而告失敗。四月三十日，事件發展到了最高潮，紐約市警察受命攻入五棟被佔建築，逮捕了七百一十二名學生，其中有一百四十八人受傷，學校大部份的課程均告停頓。一週後，學校課業恢復，並宣布對示威學生的法院訴訟將行撤銷，但學校秩序並未因而恢復，有數以千計的學生由於對校方召警政策不滿，參加了罷課的行列。五月十七日，事件又有進一步的發展，哥大附近社區的激進分子進據哥大附近校產所屬的公寓，學生在現場靜坐表示支持，以抗議校方對社區民眾的漠不關心與惟利是圖，（當時有部份校產公寓甚至不供應冬天的暖氣。）結果又有一百餘人被警方逮捕，（其中五十餘人是學生）。四天之後，學生們又重新攻佔了漢彌頓廳，以抗議校方對示威學生領袖所作的懲處，激進的學生們進而指責，一個幫助國防機構製造殺傷武器，「陷害」越南人民，並侵佔附近民房，罔顧社區民眾福祉的哥大校方，絕無權處罰任何學生。他們要求校方對所有的肇事學生一律赦免。但，結果卻又是一次激烈的暴力場面，有一百三十餘位學生被捕。但這次大學潮也在清除這次佔據行動後終於告一段落。

哥大學運中幾次戲劇性的發展，正是一九六〇年代激進學生運動與民權運動的寫照。示威學生們所反對的是整個學校與政治社會體制，所採取的手段則是「以暴易暴」。由於哥大當局一方面深恐學運演成流血事件，不敢立即召警處理，另一方面，又不肯採納教授與黑人領袖們的折衷建議赦免學生，終於使事件一發不可收拾。在這次大學潮中，示威與反示威的學生均以組織性的力量相對抗，再加上召警入校，造成了嚴重的暴力流血場面。最後的結果則是校方與示威學生兩敗俱傷。示威的學生領袖中，如 David Gilbert, Mark Rudd等，在被哥大開除後對民主體制已完全不存信念，最後竟走入暴力恐怖運動組織「氣象人」（Wetherman）中去。而哥大校方則不得不放棄「晨邊公園」的體育館的計劃，至今晨邊公園已淪爲搶犯的「勝場」了。同時哥大由於此一事件的教訓，開始著力改善與社區民眾的關係。而設在校內的「防衞分析研究所」也不得不脫離與哥大的關係，另遷他地。但這些複雜的「既成體制」問題，並未因此事件而得到徹底的解決。多年來，哥大與美國大財團的複雜關係，以及在南非的鉅額投資，一直未能根本改善，十七年後終於演成另一次學潮事件的主題。

一九八五：溫和的體制內改革

如果說一九六八年的哥大學潮是一次激烈學生反「體制」（establishment）的行動，那麼一九八五年的學潮則可說是一次「體制內的改革」。它不但反映了一九六〇與一九八〇兩代青年運動的異同，同時也顯示了哥大校方在處理態度上的基本差異。現任哥大校長 Michael Sovern，在一九六八年時是法學院教授，也是由教授組成處理與調解學運的執行委員會主席。鑑於一九六八年的經驗與教訓，他在這次學運事件上的處理方式，無疑是比較審慎的③。

最近幾年，由於南非境內黑白衝突與流血事件不斷發生，人權情況未能改善，白人政權遭到國際間強烈的指責，全美各地的反南非示威也未嘗稍停。許多學校（如哈佛大學）和地方政府（如紐約州政府）均表明不在任何歧視南非黑人的美國公司中進行投資，亦即如果美國公司在南非未能致力於改善及加強黑人福祉，則投資的學校或機構將變賣其所擁有的股票，宣布撤資（

③ 有關一九八五年學運的資料，來自哥大學生刊物 Columbia Spectator, Broadway, Barnard Bulletin. Acta Columbiana 與校方刊物 Columbia University Record 的報導，以及作者親身觀察的記錄。

divestment）。哥大校方亦受此一影響，於一九七八年規定不得增加在南非的間接投資，以三千九百萬美元爲其最高限額。另外，這些公司在南非也必須不違反上述改善黑人福利，增進黑人權益的原則。但後來經發現，在哥大所投資的公司中，仍有四家違反了上述的要求。另外，學生們也查出，在哥大的二十四位校董中，有四分之三的人在南非均有鉅額的財務利益。基於此，全面從南非撤資的要求，也就成爲哥大校方頭痛的難題，並成爲一九八五年哥大學運及全國學潮的焦點了。

四月四日，也就是金恩逝世十七年紀念日，哥大的四百位學生，在「自由南非聯盟」（Coalition for a Free South Africa）領導下封閉了當年示威的爆發點漢彌頓廳的入口，靜坐示威，要求哥大校董們立即以書面聲明公開對南非撤資問題的態度。學生們要求哥大在三年內逐步撤除所有在南非的間接投資（共二十七家公司，總投資額約值三千三百萬元）。在示威者當中，有七位學生已先爲此事進行了十一天的絕食抗議。其中有數人後來還多次送醫院急救，所幸無人發生嚴重的病痛。

哥大校方對示威的反應是，從經濟原則來考慮，學校的生意不能不做，何況撤資的直接結果是減少黑人的工作機會，對黑人權益並無幫助。校長 Sovern 引證在一九八三年他親赴南非，贈與黑人主教 Tutu 榮譽博士學位之事，以證明哥大絕無歧視黑人之舉。同時，哥大還多次聲明強烈反對南非政府的黑白分離（apartheid）政策，藉以證明哥大的態度是政經分離，雖然該校強烈反對南非的白人政權，但卻不能以撤資之舉，影響黑人福祉和學校本身的利益。

在示威學生這一方，則以實際的數據反駁校方的說詞。他們指出，美國各公司在南非投資所雇用的勞工，實僅及南非勞動人口的百分之一（約六萬人）。其中僅有四分之三遵守由美國民權領袖 Leon H. Sullivan 所提出的黑人福利原則即 Sullivan Principies。❹因此全面撤資行動對黑人福祉的影響甚微。但另一方面，此一撤資行動若能掀起全國性的浪潮，則因南非對美國經濟依賴甚鉅（美國在南非雇用勞工雖少，但投資金額則高達一百五十億美元）❺，勢必對白人政權構成直接威脅，進而逼其改善黑白分離政策，賦與黑人較多的基本權利。同時，曾接受諾貝爾和平獎與哥大學位的 Tutu 主教也告訴西方世界，如果今後兩年內南非政府再不改善黑人地位（賦與黑人投票權、居住自由權、工作平等權、婚姻自由權等），西方世界應進行全面的經濟制裁。以一位號召和平運動的黑人領袖尚堅持如此，則哥大校方強調黑人福利的說詞也就不易折服人心了。

雖然示威學生所提的三年逐步撤資的條件甚爲溫和，立場也合理而堅定，但哥大校方卻是置之不理。在僵持的狀態下，學生們佔據漢彌頓廳的作法卻變成非法行動了。示威領袖們此時則聲稱，漢彌頓廳另有地道可供出入，因此不致因大門被佔據而影響課業的進行，但在示威開始的第

---

❹ Leon H. Sullivan 是費城的黑人牧師，爲改善南非黑人福祉，他提出了著名的 Sullivan Principles，要求各企業提供黑人雇員以公平的就業與住屋條件，改善黑人的教育、訓練條件及健康環境等。目前約有四分之三的美國籍公司和十個南非籍大企業朝此一原則運作。約有一百萬南非黑人受此原則的保障。

❺ 見時代 Time 雜誌的報導。（June 17, 1985, p. 32.）

一週內，卻仍造成一時教學秩序上的混亂，有少數課程乃不得不暫時告停。校方基於此一理由，乃對示威學生發出校規懲處函，同時並向紐約州法院提出訴訟，告發學生。四月七日，也就是示威的第四天，一位法官發生了通告，勒令示威者撤離漢彌頓大廳出口，學生們卻依然盤坐著，不爲所動。同一天，哥大的一批年輕教授們也組織起來，開會要求校方審愼行事，不得召警入校，以免十七年前的流血事件重演。據統計，有兩百多位教授們對學生的示威行動表示公開支持，但相對於哥大五千餘位教師而言，只佔一小部份而已。

四月八日，七位進行絕食抗議的學生們，在與校長 Sovern 見面後，宣布結束十一天的絕食抗議，但此時靜坐示威行動依然進行，並已吸引了全國性的重視。紐約地區與全國性的電視網，以及遠道來自日本的新聞工作人員，幾乎每日派員做現場報導。四月十日，紐約市的一名法官接受代表示威學生的律師們的要求，限制哥大不得召警入校，並要求校方不得以武力驅走靜坐示威的學生。同時，示威學生也與校長開始進行談判，要求校方對所有示威者一律實施特赦，不做任何懲處。但 Sovern 校長只答應對其中初犯校規者給予「觀察」(probation) 處分，至於其他故犯者仍要處置，雙方間的疏通乃告破裂。

四月十五日，示威進入了高潮。前民主黨總統候選人，以金恩接棒人自任的黑人牧師 Jesse Jackson 來到哥大，在濛濛細雨中做了一場慷慨激昂的演講，他以搧動的語調，懾人的氣勢，吸引了近兩千聽眾的注目。他特別稱讚現場的示威者，足爲道德與正義的表率，他們要求平權的呼聲，已吸引了全美國人民的重視。同時他也強烈指責哥大的南非投資，乃是一種出賣節操（prostitution）的行爲。在演講之後，Sovern 校方與 J. Jackson 會面，保證哥大將撤資行動與長春藤盟校各校長會商，以決定今後的行動。

在這段示威期間，哥大示威的發展動向吸引了全國各大學的重視，加州柏克萊、史丹佛和波士頓的哈佛、MIT 等四十餘校，相繼發生波瀾壯濶的抗議學潮，紛紛要求各校校董會撤除在南非的投資，同時也發生了多次警察逮捕與暴力流血的事件，多人受傷。但在哥大校園內，卻始終相安無事。每天爲數兩三百（有時多至四百）學生靜坐在臺階前，發表演講、唱歌和呼口號，著名歌手 Pete Seeger 也曾來唱歌助陣。每天傍晚，則有許多來自各地的民運領袖、退伍傷兵和當年的哥大學運領袖到現場演講、打氣或傳授經驗。此外，還有許多律師和退休法官義務爲學生們服務，與學校或法院進行溝通。到了夜間，活動停止，許多學生挑燈夜讀，準備卽來的期末考，最後席地而眠。

示威活動一共持續二十一天，其中最高潮是四月十八日的社區民衆大遊行。在示威學生的組織與輿論工具的助援下，三千餘學生與附近的社區民衆在校園外分南北二支隊伍集合，進軍哥大示威。進入校園後，他們繞往哥大的校政中心，(當時正舉行一場校友晚會)，高呼口號，要求儘速全面撤資，最後遊行到漢彌頓廳前，舉行了一場熱烈而有秩序的示威大會。值得注意的是，參加這場示威的民衆，不但包括了附近哈林區的黑人，而且也廣及紐約和外地的白人社團、地區工會、和平團體和白領階級，這顯示了反南非白人政權的氣氛是普及於社會各界的。這正是此次全國各校園反南非示威的最重要聲援力量。也可以說，在反黑白分離政策與全面撤資的要求下，示威學生與社會中的正義力量結合起來了。這股力量最後終於推波助瀾，造成了三個月後美國國會提案通過，對南非採取廣泛的經濟與道義制裁行動。

雖然哥大的示威學運引起了全國性的重視與共鳴，但在校內示威學生卻不得不向法律低頭。由於哥大校方對撤資問題毫無讓步之意，而且不斷向法庭爭取制止學生繼續進行阻滯示威，四月二十二日，示威者在紐約州最高法庭的禁制下，不得不宣布於二十五晚間結束行動，並於該晚將所有睡具、棉被和障礙物搬離，結束了爲期三週的和平示威。雖然哥大的示威行動不得不提前結束了，但此時如火如荼的示威、抗議、遊行卻正在西岸各大學校園裏熱烈的展開，僅柏克萊一地，就有逾六千人的大示威遊行，雖然加州大學校董會和哥大校方一樣，拒絕全面撤資，但它所受到的民意及輿論壓力，也是空前嚴重。這或許是當初示威領導人與冷漠的旁觀者都無法料想得到的。

四月二十五日晚上，Sovern 校長宣布如無意外發生，將自法院中撤除對示威學生的控訴，但校規懲處仍將進行。第二天，紐約市曼哈頓中城，五十三位哥大師生在 Rolls Royce 公司前示威遭到警方逮捕，原因是 Rolls Royce 的董事長 Samuel Higgenbottem，同時也兼任哥大校董會的主席。這些示威者在二十一天的校園抗議行動中，因輿論的壓力與哥大的審愼而未受警察的拑制，但一出校門後，卻還是逃不掉逮捕之累（但他們迅卽獲釋），這也可說是一種無奈的吊詭了。

哥大學運最後的高潮發生在五月十五日的畢業典禮上。由於校方拒絕發給十二位參與示威的畢業生以哥大的文憑，畢業典禮進行時，有一百五十位畢業生在 Sovern 校長演講前集體憤而離席，他們手執著「立卽撤資」的旗子和標誌，步行到漢彌頓廳前，和十七年前的老規矩一樣，舉行了另一場屬於自己的畢業典禮。（漢彌頓廳在示威期間，已被示威者改名爲「曼德勒廳」，以紀念南非的民權領袖 Nelson R. Mandela，他已執身囹圄逾二十三年。Mandela 現年六十六歲，是南非 African National Congress 的領袖。他主張三項原則：1.統一的南非；2.黑人在中央議會中擁有代表權；3.一人一票。另外他也主張與南非白人和平共存，共享權力，以建立一個多民族社會。曼氏被南非政府判處終身監禁。目前拘執於 Cape Town 附近的一所監獄 Pollsmoor Prison 中❻。）

在「曼德勒廳」前，哥大的駐校牧師 William Starr 稱頌示威者爲憲法第一條修正案（保障言論自由、和平集會與請願的權利等）增添了具體的實踐光輝。社會系的助教授 Eric Hirsh 也譴責哥大校長與行政當局將撤資問題看得微不足道。一位來自南非的哥大學生則感謝示威學生

---

❻ 有關 Nelson Mandela 的背景，詳見 *The New York Times Magazine*, April 14, 1985（p.42）的報導和 July 7, 1985（p.21-22）的訪問錄。

所做的一切，她還說：「如果連我們來自南非的學生都不能說服 Sovern 校長撤資的話，又有誰能？」

在這場典禮上，畢業生接受了一紙黃色的「南非自由憲章」，以象徵他們的畢業文憑。另外，他們也遙贈 Nelson R. Mandela 榮譽博士學位，以表彰他在南非的人權抗議運動。在場觀禮者約四百人，場面雖比十七年前要小一些，但總也是繼承了一個抗議的獨立傳統。在現場有一位畢業生感嘆的說道：「在哥大我們學到了柏拉圖以來許多偉人與智者的箴言，但卻不曾用它們來改變我們的思想與行動。可是教育絕不應僅止於課堂之內，它必須及於我們的靈魂。基於此，這一場異議的畢業典禮乃是重要的。」

這段話，不僅是他個人的心聲，事實上也觸及了許多人內心深處的思索。雖然哥大並未因學生的示威抗議而進行撤資，而且示威者恐怕也難逃校規的懲處，但是他們的影響卻是積極而深遠的。六月間，美國在南非投資的 Sullivan 原則的設計人，黑人民權牧師 Leon H. Sullivan 在國會中作證，強烈指責南非政府毫無改善黑人權利的誠意，他並且鄭重的否定了自己所提原則的適用性，而要求美國企業進行全盤的撤資，以經濟抵制來對抗白人政權。六月中，眾議院終以二百九十五對一百二十七票，通過對南非實施廣泛的經濟制裁。七月十一日，參議院更以八十對十二票的壓倒性多數，通過制裁行動。❼雖然雷根政府誓言反對兩院的決議，並主張以外交的說服而非實質的對抗行動來解決此一問題。但面對龐大的校園抗議、社會異議與國會壓力，美國各階層對南非的態度勢將改弦易轍了。從此觀點之，哥大學運所激盪出的浪潮，自然是影響久遠的。

從激進到溫和：兩次學運的比較與詮釋

比較兩次學運的差異，最明顯的莫過於改革目標與手段的分野。一九六八年學運的發展背景，正如 Immanuel Wallerstein 所指出的，包括了三項同時進行的社會運動：黑權運動、和平反戰運動和文化解放運動。❽在這三項社會運動的推動下，哥大學潮夾雜著反體制、反越戰、反白人沙文主義的怒潮，採取了激烈的佔領校舍的方式，逼迫校方讓步，以期使保守的學校行政體制劃清其與國防工業的界限，改善與社區黑人民眾的關係、放棄體育館的建築行動、以及賦與學

---

❼ 眾議院通過的制裁行動要求較嚴，包括禁止美國公司在南非企業中進行新的投資，禁止美國對南非政府予以貸款等。參議院在經過討價還價後，縮減了制裁的強度與範圍，規定美國在南非的企業若超過廿五位雇員，必須遵守 Sullivan Principles，同時禁止售予政府機關電腦。它還強調，如果在未來十八個月內，南非政府仍不放棄黑白分立政策的話，將禁止在南非新的投資。另外，參議院也通過禁止售予南非供核子之用的物品。保守派的議員如 Jesse Helms 和 Barry Goldwater 等雖極力反對這些限制，指責這是對一個反共友邦的不友好行爲，但仍然無法轉變頹勢，參議院終以極懸殊的比數通過了這些制裁決議。

❽ 見"The Columbia Statement," in I. Wallerstein, Ibid, pp. 23-24.

生較大的權利。雖然哥大校方對學生的多項要求一直採取峻拒的態度，甚至最後還召警鎮壓，但它所付出的代價也極爲慘重。一方面，它激起了學生們的反抗情緒，因而製造了更大的罷課學潮；另一方面，它也引起了教師們的不滿，認爲以武力壓制學生，絕非教育之道，最後更進而導致許多優秀的名教授離開哥大，使得哥大的學術名聲受到相當大的影響。但從另一角度觀察，一九六八年學運也造成了一些積極的影響。首先，教師與學生們在校政決策上擁有了較大的發言權，Faculty Senate 成立了，對行政體制發揮了相當大的監督功能。在一九八五年學潮開始時 Faculty Senate 就要求校方不得召警入校，這代表參與管道的確已經增大。其次，當年示威學生所提出的第四點要求：學校處分學生時必須經過公聽會與適當程序的原則，日後也獲得肯定與實現。一九八五年五月下旬，哥大在召開處分示威學生的公聽會時，代表校方控告學生的律師與代表學生抗辯的律師們，均獲得了充分的，公開的發言機會，雖然最後的決策權仍在校方，但公開的監督程序已經制度化了。第三，哥大在學生與輿論的壓力下，不得不向示威者的要求低頭，從此切斷了（起碼表面上如此）與國防工業的直接關係，也放棄了在黑人社區中建築體育館的計劃。最後，處理學運不當的 Kirk 校長甚至下臺退休，均顯示了學運所造成的深遠影響。

相對於一九六八年的學運，一九八五年的靜坐示威則啟示了另一層意義。如果說一九六〇年代是 Hippies 的時代，一九八〇年代則稱得上是 Yuppies 當道的年頭。Yuppies 是年輕、專業化的都市新與中產階級的代稱。認同既成的社會體制、講求效率、喜好裝扮、追求時髦與庸俗化尤爲其共同特色。但是與 Yuppies 的潮流相比較，哥大學潮中的年輕學生們，卻擁有一股在 Yuppiess 身上所找不到的正義感、人道襟懷與理想主義精神。雖然，他們跟 Yuppies 在某些方面一樣，肯定社會體制存在的事實，也了解達成目的必須憑藉有效的手段，更知道必須運用組織與傳播的力量，以擴大其運動的影響力，但他們卻絕不認同於雷根上臺所代表的保守主義浪潮。基於此，一九八五年的學運雖然在法律的權威前倏然而止，而且也引起了許多政治冷漠的保守師生的不滿，參與者甚至還可能難逃校規的裁判。但他們卻也成爲全美反南非白人政權浪潮的重要推動者，也成爲全球正義與人權運動的忠實見證人。就此點來看，哥大的校規懲處不過是巨潮中的一點煙波，示威學生才是眞正的最後勝利者。幾年之後，或許哥大眞正不得不撤除它在南非的投資，即使不如此，它也將以改善黑人的福祉作爲條件，以求繼續保留一些資產；但無論如何，它的南非投資與黑人政策都會受到更多的監督，它的步調也不得不更爲審愼。這不正是說明了，過去廿一天的靜坐、示威、絕食、抗議，並不是白費了嗎？

下面我將從自由與權威、世界觀與歷史觀等比較觀點，進一步詮釋兩次學運的異同及其影響。

一九六八年學運，依照領導者「民主社會學生團」事後所解釋的，乃是一場革命性的起義（insurrection 或譯暴動）。[9]示威者認爲，美國政府與哥大校長都是邪惡的統治階級的化身，爲

[9] 同上註，第廿七頁。

了從異化（alienation）中尋求解放，他們必須激勵革命意識，放棄改革的幻想，以具體的暴動形式，在哥大校園內建立起民主公社（commune）。他們不但要求哥大切斷與國防機構的關係，以減輕對第三世界人民的殺戮及陷害；而且也要哥大放棄體育館的建築行動，改善與社區租戶的關係，以維護黑人及社區民眾的基本權利。更進一步，他們還曾向校方要求取消校董會與行政體制，以學生自治方式接管校政，除了財政事務由專職人員負責外，其餘均由學生監管。這種激烈的鬥爭要求，不僅顯示了左翼意識型態的偏執，也充分說明了示威社團所要求的自由，乃是否定一切既成權威體制，企圖在無政府的基礎上，尋求解放，以再造社會秩序。他們秉持著狂飇的革命熱情，以絕對主義的道德信念，否定一切與其立場相異的政治、社會與意識觀點，並將所有尋求改革的措施及觀念斥之爲「布爾喬亞的僞善」。他們堅信，除了暴力革命之外，美國社會中正義的力量將無法伸張，美國的既成體制將無以改善。美國帝國主義對第三世界的侵凌也將永不休止。基於這種獨斷的絕對主義信念，這些左派示威者眼光中的世界，也夾雜了一種偏執的、一廂情願的奇異色彩。他們堅決地認爲，由於與美帝國主義分道揚鑣，「在古巴，種族主義與文盲已經消失了；在中國大陸，飢饉已經被克服了；在越南，人民戰爭更將永不屈撓、持續不止。」進一步，他們更以爲不斷革命的時代已經來臨了，因此他們要以英勇的正義鬥士的身分，與統治集團的國家警察相對抗，使哥大的校園鬥爭成爲革命的起點，也使學生們成爲美國社會變遷與解放的先驅者、領頭人。

在十七年後的今天，我們重顧上述示威者的世界觀與革命觀，實在有太多的感慨。首先，我們必須承認，無論是美國整個國家或哥大的既成體制，都存在著許多人們習以爲常的汚垢，唯有通過改革的行動與觀念的革命，才可能使其逐漸改善。因此示威學生們所批評的體制問題乃是不容隱諱的。但是，另一方面，激進示威者所堅持的絕對主義信念，卻與民主的基本原則毫不相容。這種以革命鬪士與社會良心唯一代言人自居的獨斷立場，造成了一種不肯妥協，甚至無法容納雅言的危險性格，其極端發展，則是常言所謂的「順我者昌，逆我者亡」。凡是與自己基本立場相違的觀點，都可以用「資產階級僞善者」或「帝國主義同路人」等簡單的論斷加以抹殺，其最後結局則必然是硬碰硬的流血犧牲了。

在這種獨斷的道德主義的引導下，暴力鬪爭獲得了合法化的基礎，一切民主形式與內涵都可以被簡單的以資產階級與帝國主義的框框架架加以解釋。在他們的眼中，一個合理、進步的美國社會，只有在用武力推翻當權階級，並以另一階級取代後，才能實現。他們當然知道，僅僅在哥大校園一隅內建立起「民主公社」，絕不可能成功，因爲整個社會仍然控制在他們的「敵人」之手。因此，他們只以「起義」稱呼自己的行動，而不直接稱之爲「革命」，但他們卻相信，這場暴力已經觸及到眞正的革命意識了。

就革命意識這一層面而言，領導示威的學生們的確已是眞正蘊涵於胸了。但是，他們卻不能眞正面對美國社會的現實——美國根本就不是革命者登場之地。社會主義、共產主義及其他左翼運動在歐洲曾經造成巨大的波瀾，至今影響仍鉅，但在美國卻從不曾有過可相比擬的機會與環境。美國工人階級的主流所熱衷的是增加工資和福利，卻不是階級鬪爭和革命意識，他們並不想推翻現有的社會制度，更不想追隨學生的領導者，以求實現一個「正義」的社會。事實上，美國工會領導下組織化的工人階級，一直是一股反革命的力量。因此，美國社會中縱然一直存在著一些左翼的組織，如「美國社會主義工人黨」、「美國工人黨」、「美國共產黨」等，但它們卻並未成爲工人羣眾中的主導力量。相對西歐的社會民主黨、勞工黨等，美國一直都沒有龐大的工人階級政黨，更沒有以革命意識爲標榜的大型工會。缺乏工人階級作爲後盾，這些充斥著革命熱情的示威學生們，又如何能掀起一場由被壓迫階級推翻當權階級的革命呢？

退一步，即使不以工人階級爲號召對象，而以黑人和都市貧民爲其目標，示威者的革命目標仍然是不切實際。遙遠的越南戰爭，見其名不知所以的國防研究機構，對於一般貧民與黑人而言，實在是不痛不癢。唯有哥大苛刻的房租政策和房東嘴臉，才眞正能激起他們的憤怒。但這些黑人與貧民所採取的，也僅止於騷動或暴力抗議，卻不是以組織性的革命力量，要求推翻整個社會與政治制度。因此，抗議意識雖已掀起，但仍與革命意識相距十分遙遠。如何運用組織性的力量，持續的喚起貧民與黑人的革命意識，恐怕是示威領導者久思不得其解的難題吧！

示威領導者所面臨的困境，不僅僅是對國內羣眾的革命力量分析不足，他們對國際革命經驗的了解也呈現了嚴重的缺憾。根據上文所引，示威領導者對古巴、越南與中共的了解，實在是幻覺與綺想者多，眞切者少。他們輕易地把大陸文革理想化，將越南革命正義化，將古巴卡斯楚政權彩衣化，這種不分表裏，隨意將共產黨的官方宣傳視爲實然與當然的作法，眞可讓來自第三世界的人民啞然失笑。固然，美國絕非某些移民眼中的天堂，也不是保守主義者眼中的「上帝之城」，但是，反過來卻將社會主義革命美化、「天堂化」的作法，恐怕更令人不明究裏。更重要的是，這些示威領導人從不眞正思索社會主義革命成功後的新階級專政、官僚化、腐化和政權壓迫等問題，也不認眞的從蘇聯、中共與東歐共產主義革命的經驗中，思索政治參與、人民自由與社會福利等實質的課題。這樣輕易地將自己現有的制度化的成就全盤否定，然後輕易地追撲一個模糊的烏托邦幻影的作法，不但說明了人們在認知途徑上的困難，也充分顯示了革命意識型態與絕對性道德主義的深重囿限。今天，在新的中國學、古巴學或越南學的知識基礎上，不少當年的左翼狂熱者或許已經覺得今是而昨非了，但我們卻不要忘記，還有許多人仍然在昔日的意識型態框架下，堅信「人民戰爭」必勝，「不斷革命」必勝呢。當年哥大示威的領袖之一，David Gilbert 就是一個好例子⑩。

D. Gilbert 是一九六八年示威領導者「民主社會學生團」的領袖之一。在哥大召警入校鎭壓學生後，他對美國民主的信念完全喪失，一年之後，隨「民主社會學生團」走出校園，希望以街頭革命的方式，朝建立無產階級的社會而努力。在短短一、兩年之內，他與哥大及巴納女子學

---

⑩ 見哥大學生刊物 Broadway 對 D. Gilbert 的專題報導。（一九八五年四月二～十七日）

院（哥大女校）的幾百名學生組織了激進社團「氣象人」，以暴力和示威向社會體制擷抗。「氣象人」組織在七十年代後，進入地下活動，人數銳減，從三百人縮至五十人，他們堅信革命與共產主義是促進社會的惟一之途，並從事縱火、爆破和暴力攻擊。截至七十年代末期，它被迫解散爲止，據警方統計，該組織至少已從事二十五次爆炸行動。「氣象人」是一個眞正撤頭撤尾的革命性組織，他們不僅學習暴力鬪爭和爆破技術，而且完全打破了核心家庭的觀念，要求性解放和雜交，並以團體爲其認同對象。根據 Gilbert 自述，「氣象人」是一個白人爲主、反帝的革命武力組織，以越南革命與黑人解放爲其主要目標。但他認爲這個組織最嚴重的問題還在於它走進了一般白人左翼團體共同的困境：未能與民族解放鬪爭相結合，未能將武力鬪爭堅持下去。Gilbert 自己後來就更進一步的走入黑人暴力組織中去，並宣佈在美國南方成立一個黑人國家 the Repulic of New Africa，這個組織並曾向美國的既成體制正式宣戰。

一九八一年十月間，Gilbert 和他的同夥們在紐約州的藍領區 Rockland County 因持槍搶刧並殺害銀行運鈔警衞隊被捕，依照 D. Gilbert 的講法，他們是爲革命經費而進行「徵用」(expropriation) 行動，因爲這些錢是剝削者所積累的，他們徵用它以作爲抵抗統治階級之用。在法庭中，Gilbert 等人拒絕爲自己辯護，他們不發一言，以表示否定既成體制的合法性與權威性。此外，他們還高喊著「解放這塊土地」(Free the Land)，並要求法庭允許他們穿印上「支持新非洲自由鬪士」(Support New African Freedom Fighters) 字樣的衣著。最後法庭將其判處七十五年監禁，相當於三個刑期的無期徒刑。

D. Gilbert 目前監禁於紐約上州的監獄中，他的激進觀念至今絲毫未改，而且他堅信在他七十五年監禁期中，帝國主義終將銷亡。這項預言現在誰也無法斷言對錯；但不論其革命前景或意識型態立場如何，我們卻始終無法了解，爲什麼一羣號召革命的左翼份子，竟會選擇一個以藍領階級爲主的地方性銀行下手，而且傷害無辜？這種藉革命之名，完全不計手段是非，甚至與其革命意識型態（爲工人階級當家作主）完全相悖的極端作法，究竟能夠說服何人？這種暴力主義的作風，卽使不套上恐怖主義之名，也實在與其相距不遠。這也說明了在極端的革命信念下，手段的是是非非已經完全沒有判準，走上了這一步，夫復何言！

當然 D. Gilbert 只是一個極端的例子，但他的革命運動的發展，無疑是源自在哥大當時的經驗。當年在哥大參與示威的人羣中，大部分都已在六十、七十年代的狂飆之後，走回社會既成體制中去了。有的人進入華爾街的投資公司，有些人走入律師行業。對他們而言，革命與學運早已是遙遠的記憶了。但是十七年後，當另一代的哥大學生又發起抗議學潮之際，他們當年的熱情重又掀起了。爲數一、兩百名的當年示威參與者又回到哥大來，並以實際的經驗與行動支援新的示威者。其中，最重要的，莫過於肯定以社會體制所接納的和平抗議與輿論宣傳等手段，以爭取校園內外社會力量的支持。新一代的示威者清楚的認識到，手段與目的有著同等的重要性；目的的崇高是一回事，達成目的的手段更必須合法而爲社會體制所接納。因此，他們以具體的事例和證據反駁哥大校方的說詞，也以和平的靜坐、示威與抗議爭取一般大眾的支持。在他們的心目中，自由與權威不再是截然相尅的兩極。當權威體制（authorities）的合法性動搖時，他們必須訴諸更高的權威——憲政原則、人民公意與輿論力量的制裁，以修正不合正義與合法性原則的權威體制。另一方面，權威體制（哥大校方）也清楚的知道，若訴諸武力或強制力來維繫權威功能的運作，必定將使學生與羣眾大失信心，甚至將使其權威性面臨全盤崩潰的危機，造成兵戎相見或假權威的橫行局面。因此，他們寧可運用拖延、僵持、談判與說服等和平方式，以減輕維繫秩序所需的成本，使學生對抗者減少羣眾基礎，或失去對抗的耐性，最後自動潰敗。雖然這樣的期待並未實現，而且由於美國輿論與民意機構的潮流所趨，不得不使哥大行政體制做了相當程度的退讓，但至少他們的審慎做法已使校園內的緊張狀態大爲減低，也使當年的暴力對峙場面不再出現了。從歷史的眼光來看，這無疑是一項進步的經驗。

對於學生們而言，他們運用憲法所賦與的言論自由權與校園內的權威原則「學術自由」而發言抗議，自然是合乎了服從最高權威的原則。藉用此一權威原則向既成權威體制抗爭，更是揭露了後者的「假權威」面目，使其不合理、不合法的層面益形曝光。在五月間示威結束後處分學生的公聽會上，當校方律師指控學生們違反哥大校規中的相關條款時，學生的律師們就紛紛以憲法與國際間的正義觀來反駁校方的指控，並進一步質疑校規的合法性和有效性。這就像是許多剛步入民主制度的國家中，時時有人會以憲法賦與的權利來否定一些法規的效力。支持這種作法的人強調的是憲政至上或憲法主義，並否定「惡法亦法」的效力。反對者則認爲，爲了維繫社會秩序與法律的安定性，有時憲政原則應作必須的犧牲或作彈性的運用。堅持民主自由的人當然會否定這樣的做法，他們認爲惟有肯定最高的憲政權威後，人們的自由與權利才能獲得眞正的保障，法律的權威也才能穩定奠立。基於此，哥大校規的權威性在已面臨質疑的現階段，校方如何應對，如何自圓其說，已成爲一個長遠的後遺課題了。卽使哥大校政當局仍然堅持校規的有效性，並依此來處分學生，但其中被質疑的條款日後勢必成爲師生們與校內 Faculty Senate關注的焦點。若從一特定的角度來看，由於此一影響，一種類似大法官會議（審核法律與判案的合法性）與司法審查（judicial review）制度的設計，以審核校規本身的合法性，也有可能於日後在各大學校園內被鄭重的提出來。若果如此，則校園民主的境界又將大爲提高了。

當然，校園民主絕不可能完全等同於政治社會內的民主。「師——生」間的關係也不能等同於「人民——官吏」、「公民——代議士」之間的關係。至少，教師獨立審核學生求知能力與效果的權利就不容受到其他民主原則的抹殺。學業的成就判準也不能由學生自己決定。另外，學生的校園參政權利亦有其局限，至少它就無法和公民參政一樣，以選舉方式推翻政府，或自行組黨以爭取執政。在現階段的校園民主經驗中，我們還無法想像學生們如何可以爭取權利與機會執掌校政。（過去某些「自修大學」的設計都不是制度化的長遠之舉。）但是從哥大事件發展的經驗來看，一種類似「司法審查」的設計，卻有可能在校園中逐漸推行。譬如說，校規的制訂與執行，就應受到經過民主原則產生的 Faculty Senate 及 Student Government 的監督，其中至少 Faculty Senate 應擁有制衡之權，Student Government 也應允許獲得建議、抗議與申復之權。當然，此一制度的發展目前尚未成熟，詳情尚難逆料，但是卻有可能成爲美國校園政治的下一階段課題，使學生政治的發展呈現出更多制度化的建樹來。

無論從內政或國際性的角度來看，哥大的校園運動和美國各大學學運的發展一樣，目前都處於一個新的時代。從國內層面觀察，美國社會與政治運動的發展，將繼續成爲學生們關心的焦點，並成爲今後學運的重要主題。從反戰徵兵、反核運動、黑權與女權，乃至學債與貸款政策，以及學校與社區居民的關係等，都可能再度引起校園內的大波瀾。從國際的角度看，學生們的世界觀的擴張與外國學生人數的增加，也將使校園政治日趨國際化。舉凡尼加拉瓜與薩爾瓦多的革命、伊朗的回敎基要主義（fundamentalism）與反柯梅尼運動，乃至印度錫克族與土耳其阿美尼亞人的分離抗議運動等，均將或大或小的成爲學運的主題，如果因緣際會，勢力迅速蓬勃發展，未始不會像這次哥大的反南非學潮一樣，間接、直接地發生了全國性的影響，並造成美國外交政策上的重大調整。從這樣的角度看來，校園政治與學生運動的發展，實在是值得我們密切注意並細心研析的課題。

最後，我願意簡單地總結自己對這兩次哥大學運的基本觀點，那就是：反體制的革命必須配合時機與廣大的民衆浪潮，方能與時推新。虛妄與誇張的非現實態度，只能造就無謂的犧牲和枉死的寃魂。在社會緊張與階級傾軋仍可舒緩之際，切勿輕言革命。在改革機會尚存在的環境裏，讓人們保持對民主與自由的信心，戮力於實質的建設，並在改革與漸進發展的基礎上，假以時日，以逐漸進行觀念的變革。

哥大的新學潮已經進入尾聲了，一九六八年的抗爭也已經進入歷史，讓我們期待下一階段的學生運動，能以更穩健的步驟，為觀念的變革與體制的進步，奠定豐碩的建樹！

後記：一九八五年哥大學運的最後結局，是哥大校董會在半年後的一項議決，宣布哥大將自南非全面撤資。從此後，哥大校園立卽恢復往昔的平靜，但全美各地的反南非浪潮，卻在學生與校方的對立中，全面的掀起來了。

第二輯　民主與中國大陸

從國際托派運動看「中國之春」與海外民運

引言

過去幾年之間，海外的中國人社區與學界中，曾出現過幾次不大不小的新聞，有的牽涉到老一輩的共產黨人，有的則發生在海外民運分子之間。乍然看來，這些事件並無彼此的關連。但從政治學與近代史的角度看來，卻有一些潛在意義，值得進一步的深入分析。本文就是根據這些新聞事件的發展爲引子，企圖就托派運動與民主運動這兩個意識型態、政治立場截然不同的運動間，某些組織性格的問題提出檢討，以釐清民主性格、共黨極端派與民運改革者之間的關係。

一九八三年十二月間，海外僑報上刊出了中共早期領袖之一，中國托派要角彭述之於十一月十八日在美國故去的消息。稍早於此時，彭述之與另一位托派人物鄭超麟曾爲一些共運歷史問題打過筆仗，口氣都很不輕鬆，兵戎相見的場面也經常出現。與此同時，香港的托派刊物「十月評論」，出版了「彭述之回憶錄」第一、第三兩册。「十月評論」在當時刊載了許多中國大陸民運人士被捕及營救活動的消息，對於海外新生的「中國之春」雜誌，也刊載了多篇評論文字。除了對「中國之春」的民運立場表示相當的支持與同情外，也指責該刊的政治立場含混，顯示出意識型態上的歧見。

與此約略同時，僑報上又傳出了「中國之春」內部分裂的消息，使得這個爲海內外愛好民主之士所寄與厚望的民主運動，蒙上了一層發展上的陰影。隨後，「中國之春」召開了該組織的第一次「世界大會」，與會者共五十三名，會後並宣布改名爲「中國民主團結聯盟」，該刊則成爲聯盟的機關刋物。此後的一年餘，「中國之春」似乎已逐漸走上穩健發展的道路，刋物的水準也大爲提高，羣眾基礎也頗有增長。

但是，從過去大陸民運與國際共運的發展歷程看來，「中國之春」在未來的發展上，仍有許多不可輕忽的瓶頸與障礙。其中主要癥結之一，則在於左翼政權內的異議分子或海外的民運人士，對於民主的認識與實踐，缺乏深入而充分的環境與機會，結果往往導致派系分裂與山頭主義，陷入自劃圈圈，自相攻訐的困境。但是若僅從抽象的理論層次，檢討民主的意義，並無對症下藥的直接效果。相反的，若從左派極端派（或反對派）托派運動的發展困境做爲反省的例證，反而更能彰顯出民主性格的重要性來。這也是本文的主旨所在。

爲了避免混淆和曲解，本文必須先就托派與民運之間的差異做一說明。就意識型態層面而言，托派是禀承托洛斯基（Leon Trotsky, 1879–1940）的遺緒，主張全世界的共產革命，反對蘇聯的一國社會主義和官僚專政，反對將共產革命分爲民主（資產階級）革命與社會主義革命兩階段，而強調不斷革命論。在對外的政治立場上，托派以左派反對派自居，既反蘇聯也反資本主義國家。對於當權的共黨如蘇聯中共、東歐集團乃至西歐的歐共主義者的抨擊均不遺餘力。在組織上，從一九三八年（另一說爲一九三三年）第四國際在巴黎成立起，國際托運歷經分裂，現在至少已分裂爲六個以上的不同國際組織，彼此互相攻擊，個個以正統自居。相反的，在「中國之春」的意識型態與政治立場上，卻採取了肯定民主政治（相當程度上肯定西方的民主）、反對共產主義、反對中共當權派的「右派」立場。從當權的共產黨人眼光看來，民運分子是來自右翼的「叛徒」，也可說是右翼的敵對者。雖然「中國之春」爲首的民運人士在政治意理的發展上尚未定型，但可以肯定，他們的立場與國際托派是相當不同的。卽使中共當局曾以私通海外托派（指香港托派，「革命馬克斯主義聯盟」的吳仲賢）的理由將民運分子王希哲拘禁，但基本上我們無法接受將兩者輕易拉成一線的說法。在組織上，「中國之春」的發展僅有兩三年左右的時間，初期以團結海外民運人士爲使命，但經過數次分裂（實際分裂次數不詳）後，卽使仍以「聯盟」名稱出現，派系分裂命運卻不易避免。在這點上，「中國之春」與海外民運出現了與國際托派運動相似的困境。由於畏懼史達林與蘇聯特務系統的滲透、分化及暗殺，國際托派一直維持著組織上的隱密性，而且相當程度上在組織內採取民主集中制，使得內部的民主性受到了嚴重的限制，再加上左派極端派的政治立場與成員們對革命手段的執著與熱情，使得托派難免走上搞小組織、爭立山頭的分裂命運。而同樣的，海外的中國民運分子也由於防範中共的破壞、壓迫與滲透，組織的隱密性乃成必然的要求。因此，組織成員的緊張與疑慮，也在所難免。再加上民運分子長期在共產社會中成長，對於眞正的民主運作程序與民主理念並無設身處地的體驗與認識，因此在行動上實不易擺脫過去的積習，容易演成分裂的局面。因之，雖然民運分子多以宏揚與實踐民主自期自任，卻不易擺托與國際托派類似的分裂處境。在這方面，應說明的，乃是當前所有反對當權共黨的「前共產黨人」，左翼反對派與修正主義者所面臨的共同困境，簡而言之，卽除非揚棄個人化領導、小組織與民主集中制的框框與限制，並認眞實踐民主的理念及其運作程序；否則，派系鬥爭與山頭主義將難以避免。這不僅是「中國之春」與海外民運所面臨的抉擇，而且也是所有國際間的左翼革命性團體所面臨的共同難題。因此，本文的分析不僅是對一個當前個案的處理，同時也旨在強調民主性格與民主程序的重要性與可貴性。

根據上述的釐清與說明，下文將就國際托運與中國托派的發展做一簡述，再進一步檢討托派與民運在組織策略與民主運作上的困難，以探討中國民運未來發展所應注意的方向問題，並供民運志士與研究共運人士做進一步的思考。

關於本文的資料來源，以中英文兩類爲範圍。一部份爲第一手的原始資料，另外有一些則爲第二手的研究材料。其中包括鄭學稼、濮清泉、閻志民、張國燾、彭述之、陳碧蘭、姜琦、張月明、Ernest Mandel, K. Mavrakis, Robert Alexander, B. D. Wolfe, Isaac Deutscher 等人的論述及相關的刊物、百科全書及資料選輯。

托派的源起

一九二四年，列寧故世，托洛斯基（原任蘇俄軍事委員會主席）與史達林（時任俄共總書記）之間的鬥爭開始白熱化。雙方爭執的焦點主要在農民問題、工業化與新經濟政策、中國革命策略、一國社會主義與其他國際政策上。托洛斯基原屬孟什維克派，自一八九六年（十八歲）起，參加工人運動，在孟什維克與布爾什維克之間，採取中派的獨立立場。一九一七年八月，也就是二月革命推翻沙皇後半年左右，他加入了布爾什維克派，並擔任革命軍事委員會主席，與列寧等人領導十月革命起義。蘇維埃政府成立後，他被列寧任命爲外交部長（Commissar）。一九一八年三月，他辭去外交部長之職，原因是他反對簽訂德蘇間的布列斯特和約，但幾個月後他又被任命爲戰爭部長，領導組織紅軍，克服了隨後兩年半間的內戰障礙，使十月革命的使命得以完成。從一九一七年到一九二四年間，他在俄共中的影響力僅次於列寧。但在列寧死後與史達林的鬥爭中，卻日漸呈下風，一九二七年，史達林將其逐出俄共，並將其放逐至西伯利亞。一九二九年，更進一步將其逐出蘇俄，到土耳其流放。隨後他還到法國、挪威等地流亡，而於一九三六年因獲得政治庇護遷至墨西哥。

依照托洛斯基的觀點，社會主義是在一國（蘇聯）開始的，但不能在一國完成。因爲在一國之內維持無產階級專政只是暫時的狀態，在國際經濟體系的影響下，由於資本主義社會的生產力早已發展超過民族的界限，因而，世界各國的資產階級必然會對蘇俄進行干涉，導致無產階級政權內與外矛盾的增加。所以在一國之內企求實現與國際隔絕的經濟平衡是不可能的。因而，唯一之途就是在資本主義先進國家繼續進行社會主義革命以保障原有的革命成果。這就構成了他的「不斷革命論」的主要內容，亦卽國際革命與社會主義革命的不斷性。同時，他還主張由民主革命過渡到社會主義革命的不斷性。因之他將史達林所主張的一國能建成社會主義的說法，斥爲「狹隘的民族社會主義」。另外，托洛斯基還主張從民主革命過渡到社會主義革命的不斷性，他認爲傳統觀點所認爲通向無產階級專政的道路要經過一段長的民主制時期的說法是受限制的，他強調無產階級不能將革命停留在完成民主革命任務的基礎上，而應使之繼續向前，發展成爲社會主義革命。他反對第三國際對中共的指令，反對實施國共合作（一九二四——二七），將中共的發展寄託在國民黨的發展上，並主張立卽實施打倒資本家政策。但第三國際並未接受他的觀點，反而認爲中國的革命情勢應分爲資產階級的民主革命（國民黨）與社會主義革命（共產黨）兩個階段，但國共合作政策終在一九二七年中共的工農暴動後，因國民黨清黨而告結束。

托洛斯基與史達林的爭執論點極爲複雜，此處無法細論。簡而言之，他認爲在落後國家中，儘管農民在社會方面與革命方面佔有極大比重，但卻不能建立一個眞正獨立的政黨，尤其不能將革命權力集中在這樣的政黨手中。因此他認爲工人掌握政權乃爲首要目標。這也是日後大部份托派共黨都以「革命工人黨」或「工人黨」名稱出現的主要因素。另外，他還強烈抨擊史達林的官僚體制，認爲蘇聯是一個墮落的官僚化的工人國家，但由於他堅持蘇聯仍然是一個工人國家，結果導致一九三九年國際托派運動中的分裂危機。

國際托派運動的興起

一九二九年，托洛斯基流亡到土耳其後，開始組織西方各國共黨，尤其是法國、德國、義大利、美國等地的共黨份子，以期組成一個反對史達林的共黨聯盟。一九三〇年三月，在托洛斯基的同意下，一個托派的國際局成立了，隨後，一個取代它的國際書記處也告成立，但這兩個組織由於成員（來自美國、德國、西班牙與蘇俄等地）星散或迭遭逮捕，以及蘇俄特務從中滲透，並沒有發揮有效的功能。

當時在托洛斯基自己的眼光中，成立國際性托派組織的目的並非對抗或取代第三國際，而是以第三國際中一個派系成員的角色，希望對第三國際提供改革的功能。因此，他常以左派反對派自稱，托派在一九二九年出版的法文刊物就以「反對派公報」稱之；一九三一年出版的英文版更名之爲「左派共黨反對派國際公報」。在政綱方面，托派於一九三三年公佈的主張仍然強調國際革命與不斷革命，反對一國社會主義論，反對將「工農民主專政」劃爲與「無產階級專政」相異的政權形式，他們也反對史達林的經濟政策，將蘇聯一九二三至一九二八年的政策稱爲「機會主義階段」，而一九二八至一九三二年則稱爲「冒進主義階段」。但是，托派仍然認爲蘇聯是一個工人國家，雖然也是爲它的官僚政權的墮落傾向已越來越強，但由於托洛斯基一直堅持扮演一個反對派的角色，不願使第三國際面臨根本的分裂，因而一直拒絕他的同僚們有關建立「第四國際」的要求。但這項堅持終因德國威瑪共和的倒臺與希特勒的登場而動搖了。

一九三三年，希特勒上臺後，德國的社民黨與共產黨部遭到了致命的打擊，托洛斯基鑑於第三國際的錯誤政策（拒絕讓德共與社民黨各作組織統一戰線，以阻止希特勒的上臺），乃興起成立「第四國際」之念。五年後，一九三八年九月三日「第四國際」終於在巴黎附近的小城巴希格尼（Phrigny）成立，有廿一位代表與會，代表十一個國家的組織，會後並成立了一個執行委員會。但這次成立大會的主席，美國社會主義工人黨的沙特曼（Max Shachtman）卻在一年後因認定蘇聯的侵略波蘭爲帝國主義行徑，否認蘇聯是所謂的工人國家，而與托洛斯基發生了根本的歧見。雖然托洛斯基力圖挽救，但還是避免不了一九四〇年美國社會主義工人黨的分裂，該黨反對托洛斯基主張的少數派，另行組織了美國工人黨（後來又改名爲「獨立社會主義聯盟」）。同時，第四國際執行委員會內部也發生了內鬨，有三位中南美及西班牙代表先後表示支持沙特曼的立場，使得托洛斯基終究在其生前親眼目睹了托派的分裂危機。

一九四〇年後的國際托運

一九四〇年八月廿一日，托洛斯基在墨西哥被蘇聯特務所殺。當時，因正值大戰興起，歐洲的托派運動已轉入地下，第四國際的總部乃移至紐約，雖然一九四三、四四兩年，歐洲仍有托派的秘密會議舉行，但同時托派的分裂命運已漸行明顯。在大戰結束後，僅法國一地，就出現了五個自稱托派的組織，無法達成統一。以後的四十年間，國際托派組織間始終爲政治意理及革命策略而進行爭鬥，目前世界上至少有下列幾個不同的國際派系存在著。

一、第四國際聯合書記處，設在巴黎，在一九六三年第四國際聯合代表大會後產生，一九六五年召開該組織第一次世界代表大會，其主要的支持者是美國社會主義工人黨，另外西歐、北美、拉丁美洲、非洲及亞洲也有它的支持者，該組織主要領導人是法國的法朗克及比利時的托派理論家蒙岱爾等。在政策上，該組織主張團結工人與青年革命者，支持西歐的托派分子實行「打入」政策（entrism），加入其他左派政黨，以發展組織及發揮托派的影響力。另外該組織也曾聲援古巴革命，支持該國的游擊戰爭策略，在中蘇分裂中，它對中共也採取支持的立場。該組織是目前國際間最重要的托派團體，同時由於其主要理論家蒙岱爾的許多著作，頗受知識界的注目，影響力亦最大。

二、第四國際國際委員會，設在倫敦，最大的支持者爲英國社會主義勞工聯盟。領導人爲希利（Gerald Healy），獲得歐洲與北美一些托派的支持。在政策上，該組織反對聯合書記處的主要政策，其中包括反對「打入」政策，反對三個世界論（資本主義世界，社會主義世界與第三世界），同時它既反對蘇聯也反對中共，對於古巴政權的抨擊亦不遺餘力。該組織自一九六六年起又發生多次分裂，首先分裂出的一個「國際托洛斯基傾向」（亦稱之「斯巴達克同盟」）的組織。後來在一九七一年又因對推翻波利維亞左派政府的意見相左，造成組織內法國成員「國際共產主義者組織」的分裂，另獨立出來組織了一個「爭取重建第四國際組織」。

三、拉丁美洲第四國際書記處，設在墨西哥，由阿根廷托派領袖波沙達斯（J. Posads）領導。這是一個極端的托派組織，主張發動核子戰爭，然後在核戰後的廢墟上重建社會主義。該組織並號召團結一切國際左翼與革命團體，聯合起來，以組織一個「反帝統一戰線」，進行推翻資本主義的任務。該派過去對中共文革的支援不遺餘力，再者，該組織也有強烈的領袖個人崇拜傾向，對於該組織已有的發展成就與對革命的成功信心，亦極爲堅持。除了在拉丁美洲各國的「革命工人黨」中擁有影響力外，在西歐托派中也有一些影響力。

四、除了上述三個托派外，早期第四國際的總書記巴布洛（Michel Pablo），在一九六三年托派聯合大會失敗後，也組織了一個第四國際（馬克斯主義傾向），積極主張「打入」政策，並且十分重視殖民地的革命策略。此外，他還主張建立一個「馬列主義國際」而不僅是簡單的恢復統一的「第四國際」。但亦因此而遭到其他托派的嚴厲指責。目前這個組織的主要影響力是在西歐與澳大利亞。

在上列四個主要托派之外，若加上前述由國際委員會分出的「爭取重建第四國際組織」和「斯巴達克同盟」等，就構成了六個國際托派組織。其間各派均以正統自任，批評其他團體爲「修正主義者」或「機會主義者」，在理論鬪爭上呈現著十分混亂的現象。目前在英、法各有十個左右分裂、敵對的托派組織，在拉丁美洲也有四十個左右托派的黨派。甚至澳洲一地也存在著九個托派小集團。眞可說是充斥著意理的紛亂與革命的熱情。根據一九七四年的統計，托派在各國的人數共約爲六萬人，但近年來人數則漸有減少，這也說明了托派的危機。

在亞洲，托派的主要活動在日本，印度與斯里蘭卡（錫蘭）三個國家。其中以斯里蘭卡的組織最爲重要，它曾一度控制了該國的「平等社會黨」，並曾於一九六〇年代中期加入該國內閣，成爲全世界最大的托派政黨，但也因之遭到一些國際托派的指責，從此就逐漸脫離了國際托派的活動。

中國的托派運動

在中國，托派運動隨著中共的內鬨而興起，一九二七年，八七會議後，一向主張脫離國民黨的中共總書記陳獨秀下臺，開始以托派姿態出現。一九二九年秋，陳獨秀與其他中共早期領導人如彭述之、鄭超麟等在上海成立了「無產者社」，並發表了一個八十七人署名的宣言，（彭、陳等於同年被驅逐出黨）反對史達林與中共當局，主張中國革命要由「無產者社」來負責。當時他們的刋物「無產者」也以宣揚托洛斯基的學說爲主要任務。他們堅持要左右開弓，對國共兩黨均大力抨擊，而大約與此同時，「我們的話社」（於一九二九年春）「十月社」、「戰鬪社」（均爲一九三〇年春）等三個托派組織也先後在上海成立。領導人依次包括區芳、陳亦謀、張特；劉仁靜、王文元、宋逢春和趙濟、劉英、王平一、徐乃達等人，除了劉仁靜是早期中共「一大」的參與者以外，其餘領導人均爲從蘇俄歸國的莫斯科中山大學和東方大學的留學生。上述這四個托派團體都以托派正統自任，也都要求其他派系向其歸順。後來在托洛斯基本人的要求上，這四個組織宣布彼此休戰，籌開統一大會，一九三一年五月，中國托派統一大會在上海召開，由陳獨秀任主席團主席，會中決定，成立「中國共產主義同盟」。但由於劉仁靜、劉英等人未被選入中央委員會，派系爭鬪的問題仍然未得解決。次年，陳獨秀等被捕入獄，這個組織就形存實亡了，雖然還有一些零星的活動，但並不能發揮實質的影響力。

一九三七年，抗戰軍興，陳獨秀等從獄中釋放，未再積極參與托派。而此時彭述之則以托派領袖自任繼續領導活動。後來，陳獨秀雖有與中共中央合併之議，但因史達林遙令第三國際，禁止中共接受此舉，一九三七年並由國際派的王明等回國出面，傳達此意。王明強調中共聯合戰線在對象上的唯一例外，卽是不得與托派合作。同時王明等進一步製造陳獨秀每月拿日本津貼三百元的謠言，並虛構出所謂的「托匪漢奸」事件，中共並站在統戰的立場上，指責「托匪」是反抗日的賣國間諜。四十多年後的今天，事實卻已經證明，這次事件不過是史達林反國際托派運動謀略中的一段插曲罷了。

一九四九年以後，托派人物有的避走海外，留在大陸的則遭到中共的整肅，托派運動早已是煙消雲散。其中少數活下來的人則在一九七九年前後獲得釋放，並撰寫一些回憶文字。但托派領袖之一的彭述之，在海外長期流亡仍積極參與國際托運，並經常在第四國際中發表對中國局勢的看法。根據文獻顯示，他似乎屬於反巴布洛和反希利的國際書記處（巴黎）系統。

最近幾年，香港地區又有新的托派組織的活動，據說有四、五種刊物出版，但就筆者所知，似以支持國際書記處的「十月評論」雜誌影響力最大。但就羣眾基礎而言，恐怕仍不應做過高的估計。不過由於托派一向以左派反對派自居，對共黨政權內的異議運動一向極為聲援，因此仍然引起共黨當權者的疑慮，中共將一部分民運人士指為托派傾向或與托派勾結，自然也是這種處境下的反映。

托派對民運的看法

自從近年來民運在中國大陸勃興起來，香港托派即對民運的聲援與批評不遺餘力，每期幾乎均有專文討論，茲可從下列幾方向分析。

首先，他們對民運分子反官僚、爭民主的立場十分支持，對於營救王希哲、何求、劉青等人均甚爲積極。同時對大陸青年民刊作家及劉賓雁、王若望等人的作品的引介與報導也很重視。另外，對波蘭工運與中共工人運動的分析，更顯露出托派的意識型態特色來。

其次，在聲援民運的同時，他們也堅持托派的立場，對民運分子的立場進行批評。例如，他們對王希哲的看法就可分爲兩方面，一方面，對於王希哲肯定托洛斯基反官僚主義、主張黨內民主和多黨制的意見，表示支持。另一方面，對於王希哲反對托洛斯基「不斷革命論」的觀點，則指爲係王希哲的認識不足，以致將托氏的「不斷革命」與毛的「不斷革命」混爲一談。另外，他們對近年來中國大陸學界關於托派與陳獨秀等人的研究新方向，也表示相當的支持，但對於所有反對托派的見解，則做了大力的反駁。

第三，他們對新興的民主運動肯定西方民主制度的傾向，做了嚴厲的批判。例如，對於「中國之春」，一方面，他們要求該組織應有明確的行動綱領，另一方面，也對「中國之春」第三期社論中建立民主制（多黨制、三權制等）以取代專制制度的說法，提出批判。雖然托派也反對中共的官僚主義與專制制度，但同時對「資產階級民主制」的批評仍堅執不已。他們認爲立法、行政、司法的三權制是資本主義制度，而實施此一制度不啻是一種「倒退」的作法。相反的，他們認爲必須堅持左派路線，在工農兵代表的基礎上，直接選舉產生全國最高的權力機關，在代表大會開會期間，則應由常設的常務委員會代行代表大會的權力。另外，他們也強調公職人員應受人民監督，並得隨時撤換。

但是，上述托派的建議，事實上與反對中共體制的民運分子的主張之間，勢必存在許多無法彌合之處。對於民運分子而言，托派有關設立代表大會、常委會的擬議，與中共當前的制度，本質上仍有某些相似之處。卽使托派強調多黨民主、工人領導與反官僚體制等前提，但事實上這些前提在世界當前存在的所有共黨體制中，從未實現過。卽使托派的理論再周延理想再高遠，但在實踐上的事實困難，恐怕無法避免。因之，在理論紛紜而實踐無門的情況下，民運分子與其相信一套自圓其說的抽象的理念架構，還不如往西方民主的實踐經驗中找門路。當然，一旦採取這樣的觀點，難免就會遭到「修正主義」、「機會主義」之類口號的攻訐。可是一部國際共運史中，不知已塞滿了多少的這類攻擊的口實。今天，全世界的主要共黨中，除了阿爾巴尼亞等極少數例外，那一個共黨不曾戴過修正主義的帽子？蘇修、南修、東歐修正集團乃至當今的中共和標榜民族色彩和企圖開創第三條路（指蘇聯共黨和西歐社民黨之外的第三條路）的歐共主義政黨，又那一個是不曾修正過的？卽使是自稱正統的列寧、史達林、毛澤東等人，又何嘗不是對馬克斯理論做了大幅度修改？因此，托派堅持意識型態正確性與正統性的觀點，和深知僵硬意識型態之囿限的民運分子之間，在可見的將來，一定仍將繼續存在一道鴻溝，而無法接合的。

民主運動方向的檢討

但是，托派運動半個多世紀來的發展，對於中國的民主運動而言，卻是頗富深意的。就我個人的觀點，至少下列幾方面的特色是值得反省的。

其一、托派在國際社會與中國環境的發展，除了證明托洛斯基長遠的影響力外，也顯示了當代政治運動裏意識型態因素的重要性與執拗性。在托派運動中，曾經出現過許多精銳的理論家，他們對當權共黨與西方世界的批評往往頗富深蘊，但在托派的分裂中，他們理論的局限性也逐漸顯現。尤其是，他們對統一的國際共黨運動一向堅持如一，但衡諸當前國際共運早已走上分化之路的事實，更證明了在他們理論中強烈的烏托邦色彩。

其二、這些左派理論中的烏托邦色彩，不僅是基於他們對自己理論正確性的十足信心，而且還因爲他們對革命積極投入的浪漫精神而得到了進一步的強化。這種整體性的革命熱情，在意識型態的指導下，構成了一套整體的人生觀和終極關懷的信念，在相當程度上取代了宗敎的功能，使得運動的參與者獲得了精神凝聚的焦點。從而，對革命必勝的信心變成了組織發展的動源。但是，這種排他性的組織卻禁不起異議與懷疑，一旦有人對理論的信心發生動搖，或對領導者有所不滿，則往往無民主的溝通與協商餘地。最後，另起組織，另立山頭，另築政治意理與理論系統的趨勢，乃無可避免。在這樣的情況下，「民主集中制」中的民主自然也只有流於形式了。

其三、由於派系的分野、理論的歧異與革命熱情的充斥，使得革命小組織的普遍困局始終難以掙脫。即使爲了策略性的考慮，犧牲成見，做暫時性的結合（如一九三三年的托派大會），但終究無法持久。而其結果則是組織團結的力量無以發揮，在國際社會的影響力只有益形減弱，即使口號喊得再響，理論再形周延，但在組織的發展上卻始終一籌莫展，若論理論的實踐更是遙遙不可期了，在這樣的處境中，羣眾組織乃縮減而爲同仁的小團體，也使得反對者更容易從中進行分化與破壞。

其四、所有的托派組織均強烈反對資本主義的民主體制。但所有的國際托派組織也唯有賴資本主義民主的庇蔭，方才免遭共黨當權者的整肅和殺戮。在這方面事實上也構成了托派運動在處境上的矛盾與無奈。雖然世界上所有的左翼運動均強調他們對資本主義改造的成果（如八小時工時制、提高工資、制度化的工會運動、社會福利制度等……），但在西方社會，這些成就主要卻是由改革派（如費邊社、工黨、社民黨等）滴滴點點所推動完成的。相反的，主張革命的西方共產黨人，除少數擁有強大參政實力的政黨外（如義大利共黨、過去的智利共黨等）卻很少能在這方面提出具足的成果。由此看來，他們的處境實在是侷促的，發展前景更無法樂佔。

前途與展望

根據上述的分析，我們雖然承認托派運動在做爲共黨與西方社會批評者此一角色上有其一定功能，但它的基本限制卻是極爲明顯的。而且我們也可以肯定，由於托派在政治意理與組織性格上的局限，今後發展的前途仍然極爲有限。而反觀與托派有相當大距離的中國民運，今後前途如何，則尚難預料。這不僅是因共黨極權體制的巨碩頑強，而且也因爲革命團體與改革團體基本性格上的差異。未來的民主運動，事實上必須在上列兩條路間，擇一行之。這也將牽涉到日後組織性格的發展。

一、走革命路線，肯定政權更替是唯一路線。在這樣的前提上，今後海外民運必須運用非常的手段，走革命組織的路線。組織內的權力集中，指揮統一乃成首要標的，民主原則有時則必須犧牲。同時，強有力的領導者的產生、革命階段策略的分析、政治意理的設計、各種必備人才的吸納均成爲根本之圖。此外，領導者恢宏的胸襟，革命策略與人才的訓練、以及與其他組織的結盟與聯合，也成爲發展的重要關鍵，在這樣的情況下，對過去各種革命小組織的局限，必須有清楚的認識。對於國際共運史中許多排他性小組織的發展缺憾，也必須力圖避免。但托派的政治意理與策略分析，則仍可參考、反省而引爲借鏡。另外，如果民運分子肯定建立西方式民主政體是其重要標的，那麼對過去中國民主革命的經驗與歷史教訓，也應特別重視。

二、走改革路線，肯定漸進手段是唯一之途。那麼就必須完全揚棄革命小組織的作法，並將民主集中制改爲眞正的民主制。並秉持開明的作風，公開組織，大量吸收成員，建立基層組織系統，並建立由基層組織選舉中央，而非由中央指導基層的分權民主體制。另外，廣籌組織基金、廣結聯盟、以及與政權及政黨內部溫和改革派建立溝通管道均是必要措施。同時，改革派的基本立場，應是肯定現狀中有某些基本因素值得在某一時間階段內保留，因而基本體制無需在一朝一夕間推翻。而在改革的時間表上，也應以緩進而非突進做爲標的。此外，改革派的最終目標乃在使本組織日後成爲執政團體，或使改革的政策目標爲執政者所接納。但在中共當前體制下，卻決不容許一個獨立、自主的在野力量出現。因此，過去民運人士中有關成立兩個以上工人政黨或無產階級政黨的主張，實難有踐實的環境與機會，在這方面，發展的瓶頸也是非常明顯的。在現階段中的民運團體，唯有團結中共內部溫和的派系力量，加強經濟改革的果實，並俟機要求對人民政治權利做逐步的放寬，對人權、自由、民主多多賦與制度化的保障，才能漸漸實現其改革主張。但可以肯定的是，全盤實現其改革計畫的機會仍是極爲渺茫的。

當然，上述兩種不同的政治策略與組織型態，或許不是現階段的民運分子所能立卽決定的，卽使現階段能做出決策，以後也還會有調整的可能。但兩種組織型態的差異卻是必須考慮的。現試以辛亥革命前後孫中山先生的革命策略爲例說明之。

在辛亥革命以前，孫中山先生初期領導興中會，繼而團結其他革命組織(華興會、光復會等)而爲同盟會，進行各項反淸起義。雖然興中會在同盟會中人數並非最多，但因中山先生的領導才華，終於在黃興先生等人的推薦下，成爲同盟會的領袖。在革命黨人起義的過程中，同盟會繼而又不斷團結海外華僑及各地的革命組織、新軍團體、秘密會黨及地方仕紳，進行聯合。在武昌革命中，就因共進會、中部同盟會、新軍和諮議局等的合作，乃幸獲成功。民國成立之後，同盟會改組爲普通政黨「國民黨」，但革命的初期目標已暫告完成，聯盟的基礎乃又形鬆懈。一九一三年，由於革命黨人分化，軍閥抬頭，二次革命失敗後，中山先生乃重拾起過去的革命政黨構想，希望能重振革命精神完成反袁之舉，乃將國民黨再形改造爲「中華革命黨」，要求黨員實行對黨領袖個人的效忠制，亦卽強調權力集中。而在黨員的吸納上，則調整爲精英式的小型革命組織，但也因而導致黃興等人的退出，使革命力量因而分化。在上述一收一放之間，國民黨的組織策略不斷改變，而黨組織的性格也做了相當大的調整。這些經驗也許不一定能直接應用到今天中國民運的處境上，但其中結盟、民主、集權等策略應用，卻有深刻的參考價值。

另一方面，就國際托運做爲反省的例證則有另一番意義。如果民運分子中的山頭主義與英雄主義氣焰未消，對於服從多數，尊重少數的民主規則不能遵守，同時爲了維繫組織的隱密性，又必須限制人員的吸收，那麼派系分裂與革命小組織的噩運恐將無法避免。但此處應強調的是，所有成功的革命組織都必須有堅強的領導者，也必須做許多結盟的嘗試與努力。而從托派運動的經驗看來，該組織在這方面的條件顯然不足。當然，如果托洛斯基晚死二十年，托派的分裂或許不致如此嚴重。而事實也證明，托洛斯基對共產革命的分析與批評不無深入的見解，但無論如何，中國民運對於國際托派的分裂命運，卻必須引以爲戒。而肯定民主的眞蘊，卻是其中成敗的最重要關鍵之一。

結語

最後，我願以西方民主的常規爲例，對民主的可貴性作一說明。

在美國每次的兩黨大選中，各黨通常都有好幾位候選人出馬。如果某位候選人在黨內初選中失敗，則絕大部份的情形是承認失敗退出大選。當然有時也會有極少數的候選人仍然以獨立候選人的身份，堅持參選到底，卻也必須因此而爲日後的政治前途擺下賭注而且也要爲黨的分裂負起責任。但是這些獨立候選者的獲勝機會甚爲渺茫，成功者幾稀。根據上述的情形，兩黨的黨內初選事實上扮演了相當重要的功能，一方面，它穩定了大選決選前的局勢，由於事先經過淘汰，使得人數有限，選局因而不致太亂。另一方面，則因初選而考驗了候選人的能耐，（最起碼，他必須在黨內獲得多數的支持）。此外初選制也使候選人的政治能力與服從多數的民主性格，間接的獲得了考驗。在這樣的情況下，兩黨政治的穩定性，獲得了相當程度的保障。（雖然有很多人對美國政治的民主性質抱持不同的批評看法，但美國政局的穩定性與兩黨政治之間，卻有直接的關係）。

根據上述的過程，如果我們在一個左派革命團體中觀察，情況卻可能完全不同。首先，選舉失敗者將另立中央，另外召來一批人，同時也亟亟於宣告自己的政治意理的有效性，聖潔性。當然，打擊其他組織或其他領導人的威信，就成了必然的要求。長此下來，這樣類似的情況繼續發生，就有許多不同的小組織不斷衍生了。如果這樣的性格長期沿襲下去，則由於歷史的積怨和對抗的積習，非但是結盟、聯合、民主這些理想不易實踐，而且組織也勢必走上不斷分化的厄運。一旦形成這種局面，再祈求異中求同或實踐民主也就難乎其難了。

因之，對於現階段海外民主運動而言，無論是採取革命或改革的路線，學習結盟、實踐民主，恐怕都是不可少的要素。對於極權體制下的中國大陸民眾而言，民主是一件侈奢而難以體會的事情。事實上民主不只是投票，也不僅於多數決，而根本上是聯絡著對個人（及少數人）的道德性尊重，對政府（或執政黨）非法行爲及不合民意的行動予以集團性的批判、制衡或制裁的整體態度。因之，在非競爭性的行政權獨大的一黨體制下，民主是沒有根基的。由此可知，由列寧等聯共領導人所發展出的「民主集中制」，並非眞正的民主觀念。多少年來，由於極權體制的意識形態教育，使得許多人誤以爲在極權體制中，決策前的充分討論，決策後的一致擁護就是民主的眞諦。事實上，民主唯有從通盤的羣眾基礎上觀察才有其意義。如果在一個社會或政治體制中，只有由一部分成員構成的團體，擁有參與決策的機會與權利，或者在決策形成後，沒有其他的救濟之途（如司法審查、行政訴訟、罷免、全民複決等）可供申復或否決的話，這都不足以構成完整的民主。因此，一黨體制中的民主集中制並非民主，中央集權下的「指導民主」也只是民主的幻象而已。過去幾十年來，許多從共產國家中流亡出來的革命團體，雖然打著民主的旗幟，但由於在極權社會下養成的人格心態，始終無法脫離「民主集中制」的格局，結果是，一遇到不同意見，立卽演成分裂，造成革命小團體爭相林立彼此鬪爭的現象。此因無他，蓋無民主心態，則必無寬容之民主討論餘地，也必然無以建立組織內的民主體制了。

基於此，我們必須肯定，民主乃是一種生活方式，也是訓練寬容精神的不二法門。無論領導者恢宏氣度的培養或是組織成員容忍異己精神的建立，民主訓練都是必要的。在本文的分析中，托派運動分裂的因素殊多，但其組織性格與民主性格的相尅性，實爲其中關鍵之一。就於某些民運人士而言，托派運動的經驗也許太過遙遠，民主的理念與實踐也許太流於空言，但這卻是民運未來發展的關卡，也是民主運動成敗的眞正關鍵。因此，現階段海外民運的任務，應該是在西方的自由空氣下，學習民主的運作程序，並細心觀察各種革命組織的意理策略與經驗。對於長期處於封閉狀態的大陸一元化社會的民眾而言，這種西方的多元化環境是無法想像的。但如果不珍惜這樣的環境，卻始終在權力集中問題上打轉，或是不此之圖，卻亟亟於發文告、開大會、立宣言，甚至起山頭、搞分裂，那麼日後發展的瓶頸，終將難以突破。

的確，革命是非常的事業，改革更是艱困的歷程。在中國的環境裏，情況尤爲複雜。孫中山、黃興等革命先驅，歷近二十年的海外奔走與革命起義，方克有成，但最後還是迭遭挫折，未能在有生之年看到中國的統一富強。而康有爲、梁啟超等維新元老，歷盡生死之艱，都仍是功敗垂成。但就當前的中國民主運動而論，任務恐怕比當年反淸之舉更爲艱辛，共產政權的改造無論從國際或中國本身角度看來，都頗爲困難。半個多世紀來，國際托派以國際共黨反對派的力量，尚且不能撼動共黨極權於絲毫，中國的民運鬪士，鑒於托運的教訓，能不愼行哉！

臨尾，我願再次強調，民主是一種生活方式，唯有在民主的環境裏親身學習與體驗，民主的性格才可能養成。革命和改革的策略，也必須在嘗試錯誤的過程中才能獲得進益。但民主的心態與寬容的襟懷卻是認識錯誤，尋求改造的不二法門。中國民運鬪士們，在革命熱情、民族正義與冷靜理智的交互鞭策下，必須再三深思：如何爲本組織建立起民主的規制？如何爲中國建立起民主的政體？如何讓共產極權的幽靈在民意的監督和民主的鞭策下，轉化遁逃而消失於無形？

謹以上述的題旨，向民運人士請教，並與愛好民主自由之士，共同思考。

「中國之春」與民主團結

甫於一九八三年年底改名爲「中國民主團結聯盟」的「中國之春」組織，最近宣布將在港、臺及大陸各地發展組織活動。對於海外華人而言，這個歷經變動、命運多艱的民主運動，似乎已走上了新的發展階段。但是，鑑於海外民運在組織發展策略上的共同困境，以及共產世界中異議運動的發展經驗，中國之春今後的發展方向，仍是阻礙橫生，即使目前以民主團結之名謀求統一，但若作過分樂觀的估計，恐怕時機尚未成熟。爲了便於分析起見，茲就目的與對象，以及民主與集權改革與革命三項題旨，分論如次。

目的與對象的選擇

由中國之春當初發展的標的看來，無論是發起聲明乃至人員組成，都以延續中國大陸近年來的民主運動為宗旨。王炳章先生以中國大陸留美學生中第一位獲得博士學位的身分出面，當時的確震撼了海峽兩岸及海外的中國人。但是，做為一個長遠發展的民主運動，一時的曝光，只能吸引輿論短期間的注目。而組織的發展策略，卻必須在愼重的決策後，不斷擴大與盟、吸收成員，並廣納財源，才能建立起穩健的基礎。而其中領導者的才華與清廉、公正的形象，以及組織結構的涵容開拓、發展宗旨的設計與重估等，都是重要的成長條件。但是由一年多來中國之春內部爆發的多起分裂事件和花邊新聞看來，無疑的，中國之春在成員與組織方面的確存在著嚴重的障礙。即使中國之春不斷以發通告、立聲明，以及召開「世界大會」等方式，吸引輿論的重視。但卻無法掩蓋住組織分裂與羣眾單薄的事實。因此，雖然中國之春揭櫫的是高遠的民主理想，卻無法貫徹組織內的民主性，而逐步陷入了一般革命小組織立山頭、搞分裂的噩運。

但是，正由於中國之春在組織發展與理論設計上的不足，導致其在目的與對象選擇上的徬徨。依其當初發展目的看來，應以中國大陸民主前途為主要對象。但現在看來，中國之春卻未能將精力集中於對中國共產黨體制做深入的研析、批判。一方面，未能有效利用歐美的研究資料，對東歐、蘇聯的修正體制、異議運動與西歐的左翼運動及馬克斯人文主義等做比較分析。另一方面，也未能對歐美的憲政民主體制、民主社會主義及社會福利思潮與制度等做親身的觀察，以謀求對中國大陸的發展方向提出深刻的批判意見。相反的，中國之春卻倍多力分，對香港問題、海峽兩岸問題等都想發表意見。這種侈談大問題、多談空問題的心態，必然導致理論的貧乏與內容的空疏，結果非但未能因中國之春關心許多問題，而建立起「面面俱到」的形象，相反的，卻使該組織的發展目標益形混淆。因此，現階段中國之春的發展任務，應是重新釐清對象與目標、不好高騖遠、不侈談問題、不空立聲明，而以實事求是的態度，虛心的向知識界請益，從當代社會、經濟與革命理論中吸取經驗，並仔細的對近代及當代中國的歷史教訓做分析與反省，以求在較短期限內提出具體的發展目標與組織綱領。在這方面，中國之春應記取當年中共領導人志大才疏、知識荒蕪的困境，而應學習孫中山先生當年研習西方當代思潮，亟思應用於中國環境下的求實態度。同時，身處歐美民主體制下的民運組織成員，即使是對「資本主義民主」抱持批判的態度，也應親身體驗西方制度下的民主生活與民主價值，並仔細釐清「民主集中制」與民主體制的眞正差異，進一步並應要求在民運組織內部躬行民主，才能免於組織分裂、意氣鬥爭的頹運。

民主與極權的抉擇

對於極權體制下的中國大陸民眾而言，民主是一件奢侈而難以體會的事情。民主不只是投票，也不僅於多數決，而根本上是聯絡著對個人（及少數人）的道德性尊重，對政府（或執政黨）非法行為及不合民意的行動予以組織化的批判、制衡或制裁的整體態度。因之，在非競爭性的行政權獨大的一黨體制下，民主是沒有根基的。由此可知，由列寧等聯共領導人所發展出的「民主集中制」，並非眞正的民主觀念。過去幾十年來，許多從共產國家中流亡出來的革命團體，雖然打著民主的旗幟，但由於在極權社會下養成的人格心態，始終無法脫離「民主集中制」的格局，結果是，一遇到不同意見，立卽演成分裂，造成革命小團體爭相林立彼此鬥爭的現象。此因無他，蓋無民主心態，則必無寬容之民主討論餘地，也必然無以建立組織內的民主體制了。

過去一年多來，中國之春的分裂事件雖然尚未演成小組織嚴重分立的局面，但上述的噩運卻是亟應避免的。目前，在美國、日本等地，已另有「中國之聲」、「探索」、「松濤」、「播種」、「民心」等民運刊物與組織成立。他們的立場與「中國之春」並不全然一致。從多元化的角度觀察，這固然是可喜的現象。但是從民運組織脆弱性的角度看來，集中人力、物力、團結與盟，卻是未來成長的要件。當然，海外民運人士無論在組織成員，意識形態乃至經費來源等方面，目前已存在著相當的歧見，強求一致或無必要。但在現有的基礎上，各民運組織應該了解到涵容的民主精神與開宏的民主體制乃是未來發展的關鍵所在，過度的集權或個人化的領導作風，都必然會戕害組織的發展生機。因此，在發展初期的現階段實施適度的集權雖無可避免，但領導者的開明作風與民主涵養卻是絕不可少的。所以，既然中國之春有心以「中國民主團結聯盟」爲名繼續發展，就應了解民主的眞確性，並求其躬行實踐。

革命與改革的徘徊

中國之春發展的第三項關鍵是手段與策略的問題，亦卽以改革與革命間的抉擇。如果民運人士是以改革爲志，則必須與當權者維繫表面的友善關係，起碼也應讓對方了解自己的改革意向。在這樣的前提下，加深與國內的聯繫，緩和改革的主張，並亟力謀求可行的改革之途，包括參酌東歐、蘇聯或第三世界的改革嘗試等，都是必要的手段。但是，衡諸六十年代與七十年代東歐的改革經驗，許多改革派人士最後都在當政者的壓迫下，流亡海外或慘遭整肅，這種改革的艱危性及其最後的失敗命運，都是民運人士所必須警惕的。

其次，若採取推翻體制的革命手段，雖然途徑甚多（包括暴力、說服、出版、教育……）但從極權體制中龐大的公安力量看來，暴力之途恐怕是犧牲最大而成效最小的。目前中國之春似乎是想以和平漸進的手段做逐步的推動，但仍須特別講究方法與成效。如果確定是採取革命手段，則必須顧及到組織的隱密性，同時也應著重出版言論上的說明力。在這方面，「中國之春」雜誌在水準上離理想尚遠，在革命策略的分析上也嫌貧弱。而由於目前該組織的主要宣傳媒介僅有雜誌一途，因此雜誌的使命特別沉重。今後除了改善雜誌的內容外，應考慮藉出版書籍、錄音帶、辦座談會、演講會等方式擴大羣眾的參與（如顧及成員的隱密性，也應利用刊物及錄音帶多作宣傳）。尤其是對社會主義體制的改進之途，應成立專門的研究小組，進行理論的分析與探討，才能對日後的發展方向，有更清晰的認識。

雖然中國之春及其他民運組織，目前還不必爲改革或革命間的抉擇作立即的決定，但體認這兩者在手段、目標與組織結構上的差異，卻是絕對必要的。在這方面，當年梁啟超、孫中山兩先生的分道揚鑣，以及當今東歐的異議運動、工會運動、歐美的新左派運動、托派運動乃至第三世界游擊革命的經驗等，都有許多值得參考與反省之處。未來的幾年內，民運人士間對於這些方向的選擇可能會有不同的意見，但這些選擇的意見卻必須建立在學習、溝通、民主討論與互相批判的基礎之上，換言之，這必須是奠基在民主團結的共同體認上，逐步拋棄中國大陸三十年來的極權、鎖國心態，才可能有所成就的。如果民運之士不此之圖，而仍停留在文革時爭立山頭的格局上，月月發聲明，年年開大會，卻未能積極的團結志士，發展出開宏的組織綱領及發展策略，則面對無遠弗屆的極權幽靈，未來前途恐怕仍是荊棘滿佈的。

最後，我願和所有愛好民主自由的中國人一樣，對民運之士表示崇敬之意，但在崇敬之餘，也望民運組織與民運之士，對未來發展策略，多所深思。

從辛亥革命看海外民主運動

辛亥革命前幾年，孫中山先生曾多次造訪紐約，一方面吸收中國城的華工同胞，以資助革命大業；另一方面也希望在中國留學生中建立影響力，以鞏固革命基礎。孫先生曾在紐約勿街附近的僑社，與同志暢談至深夜，並在洗衣店的熨板上隨身而臥。有時他也親赴上西城的哥倫比亞大學，與反滿的留學生們晤談，說服這些知識分子信仰他的主義。孫先生當時亡命海外，一貧如洗，時賴華僑捐助始克維生，但正憑著堅毅刻苦的革命精神，與謙遜平實的人格風範，使他成為中國革命的領袖，並完成了推翻兩千多年帝制的歷史任務。

然而，辛亥革命雖然完成排滿的使命，孫先生的終極理想卻未實現。大半個世紀後的今天，「革命尚未成功，同志仍須努力」的遺願，仍然充塞在嚮往自由民主的中國人心中。有血性與理性的炎黃子孫，誰能無視當代中國的悲劇，而置億萬生靈與中華民族的危運於不顧呢？

辛亥革命的例證

所幸的是，今天中國大陸在海外的民主鬪士，又繼辛亥革命燃起了火種。但若與孫先生當年的處境相較，八十年代的中國革命運動尤爲艱難。孫先生所面對的腐敗王朝，已易爲今日強悍恐怖的極權幽靈，而當年的海外單純的華人社會，也早已分割左右，壁壘嚴明了。

革命本爲非常的事業，失敗者眾，成功者寡，而近代世界又以不完全的革命居多。孫先生曾期望畢政治與社會革命之功於一役，終因袁世凱的誤國，以及同志對土地改革與社會政策的抗拒而未竟全功。辛亥革命前，華興會、光復會與興中會結合，主要因爲民族主義的立場相同，至於孫先生民權與民生主義的理想，則始終未獲全面的支持。民國成立後，孫先生努力著述，並奔走海內外，期望實業計畫得以推行，但內因軍閥混戰，外因列強無愛於中國的成長，致使建國的宏規無由展布。意識型態與革命策略的紛紜，此革命事業艱難者一。

革命事業艱難者二，在動員羣眾的不易。孫先生初以會黨、華僑、留學生與外國友人爲革命的主力，後則擴至士紳、新軍等，亦卽漸獲社會核心勢力的支持。武昌起義的成功，近因卽在湖北地區士紳與新軍的發難，同時各省亦受鐵路風潮與立憲頓挫的影響，對革命黨人由疏遠而同情，由同情而支持參與，最後才能結合北方的軍人勢力，一舉推倒淸廷。辛亥革命的經驗顯示，孫先生先以中低階層爲對象，再逐漸擴張其影響力至士紳與其他中堅階層。但若由多次失敗所建立的聲譽和革命基礎而論，可謂代價慘痛。此實因革命本爲非常的犧牲，欲求羣眾支持，本已十分難得，而處今之世，在共黨極權統治下進行抗暴運動，其任務的艱困尤可想見。

革命事業艱難者三，在國內與國際時機配合的不易。革命不僅需地利人和，而且天時亦極重要。許多近代史家認爲，若無鐵路風潮與新軍事件，辛亥革命能否短期奏效，實屬疑問。而毛澤東的紅色政權，若無八年抗戰之助，或早已消滅於西北窯洞之中。同理，今天海外的民主運動，也必須洞察機先，掌握一切可能的變局，否則縱有羣眾基礎，若無重要的時機導火線，仍難有成。基於以上辛亥革命的例證，筆者願向海外民運志士們進下列忠言。

海外民運的出路

首先，過去幾年的民主運動，在意識型態的發展與宣導上，顯然尚待更佳的建樹。對於民主理論、革命經驗甚至所謂社會主義民主觀，民運刋物都缺乏深入的討論。對於近年來東歐的工會運動及其反共鬪爭策略，也未見歷史性與思想性的分析。由刋物的理論水平看來，民運實需積極擴展本身的言論規模，並廣納人才。

其二，在羣眾基礎方面，目前民運主要以留學生和其他知識分子爲對象。然而知識分子有其先天的局限性，中國大陸的知識分子在人口比例中更是微乎其微。若欲擴大羣眾基礎，民運領袖必須學習孫中山先生的人格與氣度，積極地在華僑商人、工人、難胞與中外友人中尋求同盟，擴大政治與經濟力量。否則以單薄的留學生團體，欲與共產黨相抗衡，勝算實低。

其三，掌握時機，與極權鬪爭。雖然海外民運仍在成長中，力量尚微，但如能把握契機，像近期的海南島復退軍人事件、新疆的民族衝突事件，若能洞察時勢，運用一切直接間接的人力，進入工廠、軍隊、各族聚居處等，俟機而作，則星星之火，終將燎原。

其四，擴大輿論力量與革命策略的彈性。當前海外民運均以辦刊物爲主，此固爲革命運動的慣常手段，但若能仿效西方政黨運行的經驗，擴大言論傳播範圍，藉出版手册、著作、錄音帶，定期舉辦演講、座談會（這點「中國之春」已做到），還有夏令會等方式，廣結人緣並擴張組織，則比發表宣言聲明更爲紮實有效，羣眾基礎也才能在接觸與認識中眞正建立。

自去年海外民運勃與以來，所有愛好自由民主的中國人莫不期待其壯碩。最近數月間，此運動似乎漸歛鋒芒，筆者相信這是另一個播種期的開始，而絕非勢頹之兆。以上各項建議，不免求全責備之處，然凜於時局的艱辛與國運的違逆，至盼民運志士們深思遠慮之際，亦能參考採納愚見，以觀照未來運動的發展。

民族主義與利用民族主義之辨

——海外看中共對香港及統一問題的態度

最近幾年來，海外華人社會流行著一種說法，認爲國族統一是全中國的共同職志，也是華人政權領導者的歷史任務，在民族大義的召喚下，海內外中國人應泯除一切障礙，犧牲小我，完成大我，戮力於民族統一大業。簡而言之，主張統一的人士認爲近代中國的苦難起於帝國主義侵凌，造成國土淪喪、民族分裂以及意識型態的尖銳對立，而唯一化解之途，即在體認「合則雙美，離則兩傷」，拋除成見，以求國家的統一。

無可諱言，上述說法有相當程度的眞確性，而且從中國近代史來觀察，此種論點也多次以不同形式出現過。但若從實際的角度考量，它卻夾雜了許多意識型態的迷思，值得進一步釐清。

民族主義的形象化

首先，從近代中國思想意識的角度來看，民族主義的確是其中最顯著的一種。從晚清至今，幾乎所有主要思想家都強調過民族主義的價值。而各種意識型態的倡導者，也大多肯定民族主義的立場，卽使民族主義與其意識型態立場實有距離，但彼等仍然盡力尋求最周延的解釋，維護其民族主義者的形象，以期吸引羣眾的注目與支持。

在中共方面，雖然早期常須接受第三國際的親蘇訓令，但仍竭盡所能，利用各種宣傳工具及統戰手法，使其民族主義者的形象得以維持。早在毛澤東奪權以前，第三國際代表及蘇共連絡人鮑羅廷、羅易、米夫等人，卽曾與中共領袖陳獨秀、瞿秋白、李立三等發生衝突，並導致中共領導階層的多次改組；而本土派與國際派（王明等）的鬬爭也持續甚久，其中除了革命理念與策略的歧見外，蘇聯的遠東政策及其與國民黨關係的考慮，也是導致中蘇共間紛爭的重要原因。在這樣的背景下，國際主義與民族主義的立場乃相悖離，而中共領袖往往要犧牲自身的原則和利益屈從蘇聯要求。事實上，從全球共產黨的發展史來看，民族主義與國際主義的衝突也屢見不鮮，直到今天，在許多東歐國家中，「民族主義」與「反蘇」仍爲同義詞。這說明了在國際共黨運動中，國際主義往往只是親蘇意識型態與利益的代名詞，民族主義必然與它相剋。

中共雖自一九五〇年代後期以來，卽因赫魯雪夫反史達林等多項原因，導致中蘇共反目，使得中共的民族主義形象得以強化。但在整個中共黨史中，民族主義只是對外進行統戰和對內維持團結的工具。一九三七年九月，毛澤東在共軍開赴晉北作戰時，卽對幹部下達重要指示：「七分發展，二分應付，一分抗日。」但因中共對民族主義的形象甚爲重視，使得在宣傳上仍維持「積極抗戰」的面貌，甚至反指國民黨爲「通日」。國內外一些不明究裏的人士，果誤以爲中共是眞誠的抗戰者，而付出了他們的支持和同情。另外，中共對內部的異議分子或叛離者，也往往扣以「賣國者」的帽子。例如抗戰初期，中共在第三國際指使下揭發的所謂「托匪漢奸事件」，就是接受史達林的訓令，圖將早期領袖陳獨秀等冠以漢奸的罪名，打擊托派在中國的勢力。當時「托陳派通敵」的說詞，卽是以民族主義爲手段，達到摧毀其內部敵人的目的。

民族主義的濫用

以民族主義或愛國主義爲手段，使己方神聖化，使敵人背上賣國的罪名，此種作法在中共近年的統戰中又屢見不鮮。而在對內鬪爭上，民族主義的說詞也常出現。現在中共當權派在開門引進外資的同時，還堅持「愛國主義」等口號，以抵制來自文革派閉關政策的另一種民族主義訴求，但是由於民族主義與愛國主義的工具意義太強，使用太過頻繁，因此在宣傳效果上也逐漸減弱。事實上，民族主義涵蓋的範圍畢竟有限，例如鄧派的實用路線本有濃厚的修正主義色彩，卻不必然與民族主義發生絕對的違背，然因中共長期以來駁斥任何形式修正主義，使得當權派無法輕言修正意識型態的基礎，卽使扛出「實踐是檢驗眞理的唯一標準」，也難以自圓其說。在意識型態漏洞無法彌補的情況下，「社會主義文明」、「五講四美」、「愛國主義」等口號乃遥行上場，只是由於民族主義的過度濫用，造成意理的說服力大減。即如當前的「經濟特區」計劃，本爲實用路線的可行之舉，但因中共當年對臺灣類似的「加工出口區」做了不少民族主義式的譴責，現在重拾民族主義爲自己類似的措施辯解，就難免發生矛盾與窒礙了。至於香港問題，中共以民族主義和維持資本主義制度的雙重口號向港人招手，而對內卻仍堅持譴責資本主義，令人感到中共表裏不一，也自然使民族主義的工具效用大爲減弱。

事實上，用民族主義做爲向港人召喚的手段並無眞正的說服力，倒是「駐軍香港」之類以力服人的聲明，反而能生警嚇的效果，但對港資外逃的趨勢也有加速的作用。然而，中共的意識型態包袱已經過重，不用民族主義的姿態解決香港問題，將使當權派不易紓解敵對派系的挑戰壓力。因此，即使當權派深知維持香港的獨立自主與「資產階級民主制度」，方合乎中共的最大利益，同時改革派也深知中國大陸的科技、管理人才，無法和港人、外商一樣在企業經營上角逐，以維續香港的繁榮，但他們仍伸手要接這塊燙山芋，眼睜睜地看著外商和港商逐步移出。此因無他，蓋實利與顏面之間，後者更爲重要。在中共看來，利益的損失不過是香港一小塊地方而已，民族主義的顏面一失，則將面臨意識型態與政權動搖的危機，這也就是何以中共一再拿民族主義號召統一，以「歷史使命」要求中華民國政府談判，而不肯仔細檢討當前政權分立彼此競爭，對中華民族害處反而較少的實情了。換言之，在民族利益和意識型態之間，中共還是要選擇後者。在這樣的情況下，意識型態的僵化實不可免。

民族主義的真諦

雖然中共亦知，設若當年香港和臺灣皆在其統治之下，則文革時的狂風巨浪一定會在海峽兩岸掀起，而香港和臺灣的繁榮也會消失殆盡，甚至根本無從產生。但中共仍不願也不敢承認，港、臺的制度較其爲優。即使中共認爲到公元兩千年之際，它會有平均國民所得美金一千元的「好景」（鄧小平等已改口說要打折），但對當前所得已遠超過此數的港、臺而言，這樣的「好景」卻只是衰頹、落後的噩夢，完全不具吸引力。即使在政治方面，港、臺的民主制度雖未臻善境，但比起中共來也遠勝多矣。更何況共產主義的烏托邦遠景，在全球各地都漸失號召力，其中尚包括海內外的統派人士在內。在這樣的光景下，中共仍用民族主義來號召統一，就有扞格不入之感，因爲民族主義本爲民族團結以求富強的意識型態訴求，民族的興盛繁榮應爲其基本目標。現在港、臺若爲統一而犧牲了福祉、甚至是中共所本無的民主與法治，自非民族主義的本意了。在這種僵滯的意識型態要求下，民族主義也就流爲單純的政權認同，而與民族繁衍、國家發達的原義無關。由此可知，但求表面統一，不問民族興衰的做法，是缺乏實質說服力的。

尤有甚者，統一從來就不能保證必然「合則雙美，離則兩傷」。一九六五年，在馬來西亞聯邦成立未滿兩年時，新加坡即毅然脫離。經過近二十年的努力，新加坡的成就早已超越比它領土大二十倍的母國，成爲東南亞的一顆明珠。雖然新加坡的民主制度發展不全，但它以彈丸之地，在政治安定、經濟繁榮及社會福利等方面，都遠勝於其鄰國與母國。卽使李光耀政府爲避免大國沙文主義的色彩，不欲以中國人自稱，但對儒家思想和統一的華語教育仍頗重視，可見文化民族主義的心態仍然存在。在海內外的華人社會中，新加坡諸多方面都値得大家引以爲榮，也無違於廣義的民族主義原則。由此可知，只要在個別的制度上競爭努力，仍可在國際社會揚眉吐氣，爲民族的光榮做出貢獻。我們必須強調的是，臺灣當然不同於新加坡，但一九四九年以後國土被迫分裂，中華民國在臺灣所獲致的成就，卻爲整個民族留一希望的火種，此恐非中共和世人始料所能及。

由此可知，爲國族統一而犧牲小我、完成大我的衡量標準，不應侷限於領土的大小與人口的多少，而應在於成就的高低與制度的優劣。在意識型態紛紜，上述標準不易獲得共識的今天，我們與其勉強求其統一，不如珍惜已有成果，讓不同政治、經濟制度的華人社會彼此競逐，由時間決定進一步的成敗，等到時日成熟，共識建立，再談統一。我們深信，民族主義的擅場一定是伴隨著自由、民主、法治、人權與福祉等前提的。唯有合乎這些前提的民族統一，才能邁向民族進步的理想，如此民族主義才不會淪爲大國沙文主義的工具，也才能達成「國家圖發達和種族圖生存」的眞諦了。

馮友蘭的憂思與悲哀

一九八二年九月十日，馮友蘭回到了六十年前的母校，接受哥倫比亞大學頒贈的榮譽博士學位。在莊嚴隆重的典禮上，哥大前副校長、中國思想史名家狄百瑞先生，稱讚馮友蘭在中國哲學史研究上的造詣與貢獻，並透露早在十年前就有頒贈其榮譽學位的計畫，但直到今年此願才得實現。馮友蘭在致謝詞時，也提到一些往事，包括他與老師杜威問學的經過等，如今杜威雖然已去，但哥大仍如往昔，令他感念不已。

從「中國哲學史」到「貞元六書」，馮友蘭的學思歷程與時代悲願令人感佩。雖然在中共統治下的三十餘年來，他被迫或自願地否定了思想的傳承和衷心的信念，說了許多使人惋惜、感嘆的話，但從同情了解的角度出發，我們與其苛責一位年高的長者，不如視其爲共產體制下一個知識分子的無奈與悲哀。

然而，痛定思痛，在文革的夢魘和極權的煎熬之餘，當我們面對馮友蘭這樣一位歷史漸將其定位的老者時，內心深處的痛楚卻無痕似地迸發出來。因爲，馮友蘭的悲哀不僅是一位中國哲學史家的個人悲哀，也象徵了多少當代中國知識分子花果飄零的噩運。

從梁漱溟、吳晗到新儒家的馬一浮、熊十力，無數位馮友蘭似的知識分子受到了威脅和迫害、凌辱和摧殘，只是，他們沒有像馮友蘭一樣的逆來順受，只求保命苟安。他們抱著持節不變的精神，爲著自己內心的一點靈明而不屈，與專制政權抗爭下去，但因此噩運也就愈加深重了。這些悲慘的抗爭，基本上，與歷代中國知識分子對皇權專制的抗爭是一脈相承的，只是在龐大的現代極權制度下，當代中國知識分子的命運就更顯得渺小無望了。

在歷代的儒法鬪爭中，御用文人多少還要以孔孟之道做擋箭牌，虛飾一番。當代的御用文人則在反傳統的氛圍下，動輒以今非古，厚誣先賢，儒家和孔學遂成爲最大的替罪羔羊。馮友蘭在文革時非孔反儒的言論，今天看來也許實出無奈，但究竟還是透露出暴力壓制下的無情與悲涼。我們固應設身處地，哀憫一個知識心靈的困阨與不幸，但無論如何，也總要堅持自己清明的理性，分疏出文化傳統的常與變，用以擇精汰蕪，絕不可屈從於意識型態的架架框框，讓政治迷思(myth)蔽障了一切。

因此，我們雖然同情馮友蘭的處境，也不勉強其「覺今是而昨非」，但我們實在無法同意他所謂，毛澤東的革命成就和毛思想是中國的馬列主義之類的說詞。從近代中國哲學思想的演變看來，毛澤東思想實爲一股惡潮和逆流，其中與馬克思原先的人道精神殊少關連，倒是與列寧、史達林的鬪爭暴行牽涉較多。從社會主義與共產主義本身的發展歷程爲基點，也許毛思想代表著農民共產主義與游擊革命的新高潮，但它是否合乎中國的眞正需要，是否能通過歷史的檢驗，實在大成問題。

基本上，毛澤東思想與純正的儒家傳統是相悖的。馮友蘭或許無法明言，但在內心深處，可能仍存有對中華人文傳統的景仰之情。無論中共數十年來洗腦了多少知識分子，但噩夢醒後，中國人如果仍然希望回頭在民主、自由、現代化的道路上前進，則對毛澤東思想和中共的整個意識背景，必須做深入切實的批評、反省，這才是談中國出路的起碼條件。否則想要在「四個堅持」的籠罩下作文章，而欲走上正途，豈非井蛙觀天，癡人說夢！

近年來，大陸的民主運動志士魏京生、王希哲、何求、徐文立等，都受到了惡刑的迫害，十多年的囹圄生涯又在折磨另一代的中國知識心靈。但中共只能重施故技，戕害天良，卻無法扼殺千千萬萬繼起者尋求自由民主的熱望。身爲中國哲學界的前輩，馮友蘭也許早已習於政治迫害與鬪爭，對於民主運動的思潮不敢贊一詞，然而從專制王權到極權奴役，千百年中國政治思想與政治哲學層轉不出的困境，究竟如何化解？此一困惑，馮友蘭總不該完全無動於衷，他或許基於現實的考慮，不敢把問題說明白，所以寧願扛著馬列毛的舊框框套上「意底牢結」，隨緣解釋，但內心總還存著幾許無奈與憂思吧？

也許「馮友蘭的憂思」並非一個至當的題旨，它只是許多憂懷國族命運者的「憐想」，但我們相信，這份深懷的憂思，會像一首大陸地下文學的改編詩作一樣，在所有中華人文心靈中留下一個問號：

民主牆，西單下，天似穹廬蓋四野，
天蒼蒼，人茫茫，何時民主到我邦？

「何時民主到我邦」？謹以斯言，與馮先生和所有關心中國前途的先生們共思之。

蒙蔽眞相的王蒙

——記紐約「當代中國文學會議」的一場爭辯

一九八二年十月三日，人民日報刊載了大陸名作家王蒙的一篇文字：「雨中的野葡萄園島」，其中敍述了他和黃秋耘（廣東作協副會長）等一行，於五月間在紐約參加當代中國文學會議的場景。對於大陸讀者而言，王蒙的描述也許是唯一的消息來源，他對這次會議的評價，難免影響許多人的視聽。這位身兼中共中央委員以及後來擔任文化部長的作家如是說：

「這次來美國是爲了參加紐約聖若望大學的一次國際性的關於中國當代文學的討論。當然，有許多嚴肅的、態度客觀的學者參加了討論，但也確實有幾個人利用文學討論兜售他們一廂情願的反共反華濫調。叫人高興的是這些人的挑釁都遭到了應有的有理有據的反擊，到後來，出醜的，恰恰是這些人自己。」

王蒙以「報告文學」（臺灣及海外謂之「報導文學」）著稱，他的作品如「組織部新來的青年人」等，頗享盛譽。但是任何人若想從上述報導中得知一些會議實況的話，一定會很失望的。坦白說，王蒙的報導不僅不稱職，而其蓄意蒙蔽眞相；非但不足採信，而且令人震驚並替他汗顏。王蒙的論調恰恰提供了一個活生生的、睜眼說謊的實例。

事實與王蒙所述完全相反，因爲從廣義的角度來看，這次會議中的辯論，乃基於對整個中國愛護的立場出發的，同時也由於同胞愛和人道精神，才對極權專制痛下針砭。結果，中共代表在會場上無法抗拒，感到難堪的正是王蒙自己。

關於會議的眞相，臺港的報刊已有報導，我僅就親眼所見做一說明。

在政治隙縫中生存

聖若望大學舉辦的當代中國文學會議，於一九八二年五月底在紐約該校召開，爲期四天。大陸、臺灣、香港、歐洲和美國各地，都有學者或作家參加。大陸來了除了王蒙和黃秋耘外，還有北大教授樂黛云等。第一天首場的會議中，「七十年代」總編輯李怡發表了一篇「中國爲什麼對文藝如此敏感」的論文。在另一場中，海外評論家璧華發表了「中國新寫實主義文學的回顧與前瞻」，指出從一九八一年起，中共的文藝政策再度緊縮，「遵命文學」重形抬頭，但大陸的文藝家們仍要在政治岩石的隙縫中生存和發表。當然，富有鬪爭經驗的作家們也善於在政治壓力下，採用迂迴曲折的方式表明他們對社會的態度。

這些對中共文藝政策的揭發與責難，當然使在場的中共代表們感到頗不自在。基於「欽定文學」與「遵命文學」原本卽爲同義詞的前提下，具有官方色彩的大陸代表不得不說些飾辭。首先，王蒙在評論李怡等的論文時，說了一句耐人尋思的話：「我寧願生活在一個對文藝敏感的社會。」但他沒有解釋這是那一種的敏感——到底是政治掛帥、血滴子往人頭送的敏感，還是關懷作品的內涵與社會牽絡的敏感。

黃秋耘則說，粉碎四人幫後的政策，是擴大「百家爭鳴、百花齊放」的方針，無論在創作方向與意識型態的尺度上，都已經很夠自由了。

在場的中外學者對兩位代表的說明，大多抱持同情了解的立場，希望他們能利用出國的機會，看看海外自由社會眞正的百花齊放，也看看非政治掛帥的文藝批評與關懷，因此，當時並沒有難堪的爭論出現。畢竟在場的人都了解，在一個政治對文藝高度敏感的社會裏，如果文學家參加了海外的集會，爲此類問題發生激辯的話，回去後可能因發言偶有不當而處境困難。因此，與會人士多希望中共代表們得以交差，以後也才有機會再出來溝通。

但是這種同情了解的溫和態度，對於一些在中共社會裏深受專制毒害，又具一身鐵骨的作家來說，卻感到不著邊際。因爲這些飽受折磨的文學心靈，長期無法擺脫政治壓迫的陰影。當午夜夢廻，一幕幕被奴役的經歷，纏繞著他們的心懷，警告著專制的威脅可能隨時就要重臨大地，君臨其身了。因此，對他們而言，只要政治控制無遠弗屆，專制機器繼續運轉，只要黨隨時發揮對文藝的敏感，那麼它就會像「一個幽靈在中國大地上遊蕩」一樣，也就如同一位詩人所說：

他就像你的影子一樣追隨著你
你怎樣也無法擺脫他無形的掌
他悄悄地吸吮你的血液和骨髓
他支配你的行動，控制你的思想
他可以隨意地扭曲你的人格
可以摧毀你美的要求，愛的慾望

第一手的純真控訴

於是，在這種敏銳而感傷的心情下，我們在會場上看到了一種對王蒙等人自圓其說的不同反應，這不是溫和的、靜觀其變的分析，而是熱切激動的控訴，發難人正是一位最近來美的大陸學運領袖，一九八〇年湖南師範學院選舉事件的主角——梁恒。

梁恒的發言是在會議第三天（五月三十日）下午，他被安排對當天的一場討論會「被忽視者的文學」做講評，另一位講評者是哈佛大學的史華慈教授。但是梁恒並沒有針對議題的有關論文加以評述，他採取了另一種方式，對大陸「民間文學」的崛起與發展，以及受到官方壓抑的過程，做了系統的檢討與批評。

梁恒的發言與整個會場的氣氛迥然不同，他意氣風發，慷慨激昂，以排山倒海之勢，揉入長期以來內心的悲痛，用雄壯的語調，向大會發表了第一手的，純眞無隱的控訴。

梁恒說：「毛澤東爲首的中國共產黨，在奪取政權後，帶領大陸民衆朝氣蓬勃地去建立一種新的生活秩序。這個驚天動地的事業的開始，是全世界人民看了都爲之讚歎的壯舉。但是由於毛澤東具有做爲文學家的浪漫色彩，做爲農民起義領袖的狹隘變態心理，做爲教條主義者的偏執狂精神，以及做爲政治家的雄偉氣魄，更由於當時中國大陸的經濟狀況和文化結構，以及在這個經濟文化社會中生活的中國民衆本身具有的國民性，於是一場踐踏人類文明、毀滅我中華文化的大悲劇，由一個導演加幾億演員開始表演起來了。結果呢？百業俱廢，國力凋蔽，夫妻反目，兄弟鬩牆，姦宄彈冠相慶，無辜血濺山河，種種慘狀，難以盡書，社會主義中國變成了紅色法西斯的樂園。」

造就千萬懷疑者

梁恒和大多數歷經文革浩劫的中國人一樣，曾在饑餓和死亡邊緣掙扎，他的體認自屬眞切。進一步，他談到了大陸民間文學的發展過程。從一九六七年起，由手抄文學開始，逐漸擴大成爲一個舉世注目的文學運動。當四人幫垮臺，改革派對凡是派的鬥爭中，由於需要社會上的思想與論和文學藝術的實踐，來和他們準備提出「實踐是檢驗眞理的唯一標準」這一理論相呼應時，「

傷痕文學」乃登上了大陸文壇。

但是由於文革的慘痛影響，許多老一輩的知識份子早已失去了反省的勇氣和能力，年輕一代則對社會主義專制的信心動搖。於是，教條主義的領袖們想造就成千上萬的接班人，實際上卻造就了成千上萬的懷疑者、批判者。梁恒指出，雖然在中國大陸，教條主義——現代神學，無時無刻、無所不在地和中國傳統中的許多劣質相輔相成，形成了一股可見的和不可見的枷鎖，銬住了大陸民眾的手腳，但人性卻是殘酷的專制不可征服的，它們恰好處於一種對抗狀態中，這種狀態也正反映在民間文學上。因此，當傷痕文學的利用價值喪失後，一九八一年，中共的「反自由化傾向」運動開始橫掃這批文學工作者。幾個月內，全部民間文學刊物被取締，刊物的編輯們未經審判又蹲進了監獄，「北京之春」乃宣告壽終正寢。

難逃內心譴責疑惑

這時侯，梁恒的話鋒一轉，向中共的文藝家質問：「遺憾的是，官方的文學工作者對此事竟然不吭一聲氣，眞令人痛心啊！在此我不得不問一聲：當您們的書被人燒光，筆被人抱走，無言論自由時，是怎樣想呢？當您們因寫了小說被批鬪、關牛棚、蹲牢房，受盡摧殘時，又是怎樣想的呢？當您們重新獲得了創作的機會，得到了寶貴的紙和筆，民眾用自己的血汗養活您們，又會是怎樣想的呢？您們相信文學的社會效果可以亡黨亡國嗎？您們相信這些民間文學破壞了安定團結的局面嗎？您們相信這些年齡最小才十七、八歲的文學青年是社會的罪人嗎？請問問自己吧！如果大陸的農民不聞不問，還情有可原；如果具有深厚的同情心和敏銳的判斷力的作家，對此不聞不問，就太令人失望了。」

這些激越的責難，有意無意是對王蒙等人講的，當時出席者不免懷疑，王蒙等如何應付這樣的場面。因爲，這些疑問是任何一個極權體制下的知識分子無法解決的困境，即使打高空的虛應故事，也終究難逃內心的譴責與疑惑。果然，當梁恒講完——或者更確切地說，當他結束控訴後不久，王蒙在大家的期待下走上臺，以低沈的聲音，希望大家在痛定思痛之餘，不要只知咒罵過去、責難過去，相反地要以客觀、科學的態度瞻望將來，在四人幫的教訓之後，大家要開始走上另一條建設的道路。王蒙表示，梁恒的態度是激動的，無補於事情的解決。當然，他也一直沒有正面回答梁恒的問題。

官樣文章虛應故事

王蒙的表現是合乎他自己要求的，只有用一種低姿態來應付這個他自己不願想、不敢想也不能想的問題。因此，他的表現也是令人失望的。他畢竟只是官方的文學家，而未如大家所期望的，是一位眞正秉持良心說話的、健實的文學工作者。

的確，梁恒的態度是激動的，與整個大會的氣氛格格不入。我原先也躭心這樣會使許多出席者感到突兀與不耐。但我在會後與中美學者討論的結果，疑慮一掃而空。許多與會者對梁恒深表同情，而對王蒙的評語卻是：官樣文章、虛應故事。一位華籍學者還特別告訴我，如果梁恒發言的場合是一個不懂中文者居多的討論會上，那麼不少人會不知所云，感到劍拔弩張，氣氛僵化，而且可能會責備他不懂規矩。但這次會議既然是當代中國文學討論會，而且與會的洋學者們中文能力都相當好，所以他們聽到梁恒這番話，反而更能體會大陸知識青年的心聲，也更清楚了解到社會主義專制制度下文學工作者的悲苦與徬徨，梁恒的控訴無疑提供他們一頁鮮活眞切的素材。從這個觀點看來，梁恒的發言是成功的，影響更是積極的。

欺騙大陸的讀者

當然，對於王蒙、黃秋耘等人來說，這次會議的經驗卻是很不愉快的，而且麻煩添大了，回大陸後如何向共產黨交差，更是一個問題。以後官方對於類似會議是否再派人來參加，也須從長計議了。在這樣的背景下，我們看到了王蒙發表於人民日報上的這篇文章。

所有參加會議的人都可以證明，王蒙的文章欺騙了大陸讀者，扭曲了一個報告文學作家最應注重的眞相。這使我想起了會後夏志清先生的一句妙語：「那個從組織部來的王蒙！」思前想後，我深覺一語中的。的確，我們看到的只是組織部或宣傳部派人寫的一篇報告！

山雨欲來風滿樓

——中共大整肅的前奏

感恩節過後，美國北部各地的一陣狂風寒雨爲今年的初冬開啟了先聲。風雨中夾雜著絲絲的飛雪，隨著飄零的殘葉，爲枯枝兀立的大地帶來了幾許肅殺的氣息。冬天的腳步已經近了，另一個春天卻在冰封的雪季之外靜靜的等待。

在中國大陸，寒冬的氣息也要君臨北國大地了。呼嘯的風聲中，政治空氣隨之冷肅起來。在「清除精神污染」的社會主義新使命下，知識分子的另一個寒冬已然無可逃避。「百花齊放，百家爭鳴」的春天，卻遙遙在社會主義一言堂外無言的等待。又一個北京寒冷的冬天要爲歷史留下紀錄了。

一九八三年入秋以後，北京中南海的達官巨頭們開始醞釀著一項新的整肅行動。十月十一日，中共十二屆二中全會召開，鄧小平與陳雲就整黨問題發言，強調加強思想戰線工作等問題，十月十五日，以知識分子爲對象的「光明日報」對社會主義異化問題發炮，否認中共文聯主席作家周揚關於異化存在論的觀點。隨後一週，中共總書記胡耀邦與中共中央黨校校長王震繼續抨擊周揚的論點，十一月五日，社會科學院哲學研究所的理論家邢賁思在人民日報發表專文，指責宣揚「社會主義異化」，造成思想理論上的混亂與青年人對現狀的不滿。間接宣告長期以來理論界對於異化問題的討論，必須壽終正寢，無論異化現象（如官僚主義、個人崇拜等）是否的確存在，官方已正式拒絕承認此一問題。進一步隨之而來的，就是一連串的自我批判和整肅行動了。

在十一月初周揚作自我批判後，擁鄧反毛的兩員大將，人民日報社長胡績偉與副總編輯王若水也被迫下臺，胡氏改調教科文委員會，負責對聯合國教科文組織的聯絡工作，王氏則有待進一步的檢討批判，未再發表新職。十月廿一日，中共文化部長朱穆之作自我檢討，承認文化部未能擬定有效措施，遏阻文藝界最近以來的自由主義傾向，造成了小資產階級的思想污染。人民日報也指出，雖然這些犯錯的作家多爲共黨同志，而且有些錯誤係因正常的藝術探討而產生，但這卻並不能構成忽視精神污染的嚴重傷害的理由。人民日報並且抨擊一些作家反對政治掛帥的傾向，以及對馬列教條所作的諷刺，另外對於一些作家無懼批判，甚至認爲愈受批評、愈受歡迎的想法，該報也大力指責。與此同時，大陸各地的文藝界也奉命展開各種討論，對各種右傾的思想展開圍勦，一次新的整風行動已無可避免了。

在這次以反右傾爲主的清除思想污染行動中，中共第二代領導人的動向最爲人所注目。根據外電報導，在這次整黨行動中，出面者多爲第一代的元老級人物，另外「石油派」的李先念、余秋里等人也頗活躍。但胡耀邦、趙紫陽等人則反居側線，動向不明。胡、趙是擁鄧倒華的要角，而這次遭整肅與批判的知識分子，在擁鄧時亦推動最力，他們因反極左勢力成功而登場，現在卻因右傾理由而下臺，對於「務實派」而言，毋寧是一大諷刺。因而胡、趙等人的態度實頗待深究。另一方面，由於鄧小平在清除罪犯的態度上採取鐵血立場，已與胡、趙發生基本矛盾，因而此次整黨行動，除了表面的右傾風與異化問題外，實有更深刻的派系鬥爭問題存在。雖然目前情勢未定，尚難作進一步的推論，但入秋以來整肅行動的範圍勢將擴大，因而今年冬天的鬥爭場面，或將不僅止於文藝界一隅而已。「山雨欲來風滿樓」，證諸中共數十年來的鬥爭史，恐怕不只是臆測而已。

從文革結束以來，大陸與海外的知識分子，基於血腥的教訓與歷史的反省，對中共「務實派」的上臺多寄以厚望，深盼在毛江政權的慘痛經驗後，中共的當權者能走上一條比較健實的道路。但從「北京之春」的條爾銷亡到「四個堅持（原則）」的重振旗鼓，乃至當前的「清除思想污染工作」。種種事實顯示，中共的新當權者之不能眞正體會歷史的教訓，爲中國的前途帶來一些早春的氣息。相反的，派系的鬥爭，社會主義的包袱和官僚體系的僵滯卻始終堅執如一，絲毫不肯在人民的寂苦之前做基本的調整。其結果卻是，北京的冬天始終嚴寒，中國人民心中的陰影始終難消，而百花齊放的春天，卻始終來也來不了。

風聲震天，山雨將至，難道又是一次大整肅的前奏？

王若水的震撼

在中共清除精神污染運動中被迫下臺的「人民日報」副總編輯王若水，一九八四年二月間曾針對中共官方理論家胡喬木發表的「關於人道主義和異化問題」一文，作了一次有力的反駁。這篇名爲「我對人道主義問題的看法」的辯論文字，雖然經過近四個月的延宕，遲至六月間才經人輾轉運出，在香港的「鏡報月刊」中刊出，但卻顯示了王若水絲毫不爲權勢所迫的求知態度與理性精神，同時也顯示在清污運動的過程中，中國大陸知識界呈現的鬪爭與對立現象。

王若水的這篇文章長約一萬二千字，是截至目前爲止在海外可以看到對胡文的辯論文字中最重要者之一。胡喬木「關於人道主義和異化問題」的作用，是在爲官方的反異化、反人道主義政策提供理論基礎。該文雖然由胡喬木具名，實際上則是一篇集體作品。海外報章已對實際可能的執筆名單提出揣測，並有許多人針對其中理論的謬誤提出批判。而王若水這次的答辯，雖然甚爲委婉謙虛，卻是大陸知識界少見的「硬骨」之作。僅憑王若水以受批判之身，仍膽敢針對官方的理論家提出挑戰，其勇氣是令人敬佩的。

在胡喬木的文章中，曾提出四項問題：㈠究竟什麼是人類社會進步的動力；㈡依靠什麼思想指導社會主義社會繼續前進；㈢爲什麼要宣傳和實行社會主義的人道主義；㈣能否用「異化」論的說法來解釋社會主義社會中的消極現象。針對這四點，胡文的結論是「作爲世界觀和歷史觀的人道主義，同馬克思主義的歷史唯物主義是根本對立的」，「人道主義並不能……補充、糾正或發展馬克思主義。相反的，只有馬克思主義才能說明人道主義的歷史根源和歷史作用，指出它的歷史局限。」針對這點，胡文否定中國大陸知識界中興起的「人是馬克思主義出發點」的說法，否定用人道主義來重新說明馬克思主義的價値，並且認爲強調人道主義恰與「科學社會主義」的要求相反，將使歷史觀從唯物主義倒退回唯心主義。

根據上述的引文，我們可以淸楚的了解胡文的理論水平是非常貧弱的。它不過是重拾起「科學社會主義」的教條，否定早期馬克思主義中的人道成分，亦卽否認半個多世紀以來西方對馬克思主義所作的學術與理論分析。這種作法，由於過去二十多年裏中共極左力量的影響，已成爲中共官方意識型態上尾大不掉的包袱，也使中共成爲在社會主義研究上最封閉、落後的政權之一。但是在中共向東歐及西方重開大門、強調「務實政策」的今天，居然還用這樣的陳腔老調，打擊剛剛興起的人道主義與異化論研究風潮，除了顯示意識型態的僵滯性外，也使得當權派的改革誠意受到了嚴重的考驗。

王若水對胡文這種代表官方立場的理論文字，自然深知其中意識型態的局限性。因此，它採取低姿態，強調胡文的「權威性」，但也不避諱的指出胡文對人道主義的誤解。他指出人道主義基本上是一種價值觀念，它不僅是倫理原則和道德規範，同時也是一種人生和文化的理想。它包括文藝復興時代對「完善全面的人」的理想，不管在道德、智力和體力等方面，都要求全面的發展。因此，人道主義並不是針對唯心或唯物提出解答，也與唯心主義或唯物主義無必然的聯繫。這不啻指出了胡文將人道主義與唯物主義對立的謬誤。進一步，他也就人性論與人道主義提出答辯，他強調並非所有的人性論都是唯心的，而且馬克思也有他的人性論觀點。馬克思雖然否認抽象的人性，但卻承認具體的人性存在。王若水並針對馬克思的成熟著作「德意志意識型態」中的觀點，指出從現實的、有生命的個人本身出發（亦卽「人是馬克思主義的出發點」）與從人類社會關係出發，乃是不相違背的。因此，「人是馬克思主義的出發點」，並未違反馬克思關於社會進步動力的觀點。

王文特別指出，他將另著文字就異化問題提出答覆，因此文中並未涉及對青年馬克思的評價問題。但他特別就提出人道主義的現實意義作一說明。他指出在中國大陸的官僚主義、以權謀私與男女不平等的現象仍然非常普遍的今天，提出人道問題乃是富有積極意義的。因此他不同意胡的觀點，認爲人道主義只有消極的作用。

如果用反共或非馬克思的觀點看來，王若水的反駁也許仍是非常受限制的。他不過是從「返本」的馬克思主義者的角度，對黨化的、公式化的與教條化的官方意識型態提出批判罷了。但是從海外看來，王若水的聲音，絕不是平淡無奇的。他的異議，以及他那求眞、求實的努力，似乎意味著在中國知識份子的傳統中，還有一股堅實的力量，終於邁過極權的藩籬與專制的遺蔭，在幽明交會的中土大地上沿襲下來。從這點看來，王若水的批駁與抗議，無寧是令人同情與鼓舞的。

最後的大儒

——訪艾愷（Guy Alitto）談梁漱溟與中國思想文化

參加「中華民國建國史」會議的艾愷教授（Guy Alitto），爲美國哈佛大學博士，現任教芝加哥大學歷史系，他不但是位國際知名的漢學家，對近代中國思想文化的問題，涉獵極深，他以多年精力，完成對梁漱溟的研究，寫成「最後的儒家」一書，尤爲知識界所推崇。不久前，艾愷專程到大陸，會晤年已八十餘，曾遭中共官方嚴厲批鬥的梁漱溟，今趁開會之便，我特別往訪艾愷，請他就梁漱溟的憂患意識、宗教精神與當代中國思想文化的現代化問題，發表個人的看法。

巨川之死

民國七年十一月間，一位前清遺老梁濟（字巨川）先生，自沈於北平城北的淨業湖，在遺書中他自稱，係爲殉清而死，然而他對此有所解釋：「我身値清朝之末，故云殉清，其實非以清朝爲本位，而以幼年所學爲本位。……幼年所聞以對於世道有責任爲主義，此主義深印於吾腦中，即以此主義爲本位故不容不殉。」當時這件事情立刻驚駭了北平的知識界與輿論界，遜清皇帝甚至還追贈諡號，以表彰他的「義節」。陳獨秀、徐志摩等人，也都曾對梁的自殺表示了同情與敬意。但是相對於陳、徐的觀點，也有人表示了不同的看法，社會學家陶孟和就認爲巨川先生的「政治觀念不清，竟至誤送性命」，他並且說：「梁先生深信自殺可以喚起國民的愛國心」，但是「藉著斷絕生命的手段做增加生命的事，豈能有效力嗎？」

儘管對巨川的自殺評論觀點各異，但是有一點可以肯定的，這就是陶孟和所說，自殺的結果是損失了一個生命，而「影響是及於社會的」，在巨川先生逝世後七年，徐志摩、陶孟和、陳衡哲等人，都還在討論這次事件。半個多世紀之後，林毓生先生，更以此爲題旨，寫成了「論梁巨川先生的自殺」一文。但是，就此一事件而言，影響最深重的，並非他人，而係「桂林梁先生遺書」的編者，近代中國的偉大儒者，梁濟之子——梁漱溟。

軟禁廿年

民國四十一年九月間，毛澤東召開了「中央人民政府委員會議」，身陷大陸的梁漱溟，指出鄉間農民生活疾苦，比起工廠工人，差別有如「九地之下」與「九天之上」，當時周恩來、李維漢等人，立刻扣上種種帽子，指責他居心叵測，但梁漱溟毫不畏懼，當場上臺反駁，旋卽，毛澤東與他展開舌戰。最後毛瘋狂動怒，要梁氏「交待清楚他的反人民的反動歷史發展過程」，臺下安排的羣眾這時也配合嘶喊著：「反動分子滾下臺來」！「打死反革命分子」！梁氏在孤苦無援的情況下，不得不走下臺來，也走進了其後二十年軟禁的厄運中。

文革期間，中共政權開始了所謂的「批孔揚秦」運動，並於民國六十五年初派人勸梁漱溟著文批孔，但梁當場拒絕，他說，他是獨立思想的人，覺得批孔無必要，而且他是「表裏如一的人」，心中不能批孔，批孔的文章也寫不出來，更何況，他年已八十餘，實已「無所畏懼」了。

時隔半個世紀，梁巨川的自盡殉節與梁漱溟的執節不屈，雖然抉擇各異，但同樣都展現了一個眞誠的儒者在困阨的現實環境中不絕如縷的悲願，這種精神，相對於流俗的功利現實觀點，也許顯得迂執而可笑，卻也正是儒家傳統與中國文化的精蘊所在。然而，對於當代的中國知識分子而言，如何闡發精微，使文化傳統精神在現代化道途中賦予新生的意義，實爲每一位關心中國前途的有識之士努力標的所在。

一九七九年，當梁漱溟晚年之際，一位西方學者畢多年的時間精力，完成了一部以梁氏爲中心的著作：「最後的儒家——梁漱溟與中國現代化的困境」，這是西方學界第一本有關梁漱溟的思想史傳記，也是有關當代中國保守主義思想的罕有佳構，著者艾愷教授，曾於文中引錄了 Erik Erikson 在「青年路德」中的一段話：

「一個具有宗教情操者的眞正憂患，是終生之憂。……當常人猶懵懵懂懂時，這人卻已早發慧悟，究心於茲：如何避免生活上的腐化，如何透過死亡以獲得生命的意義。」爲了對梁漱溟一生的憂患意識與宗教精神有所掌握，同時對當代中國文化、思想與現代化問題有更深一層的認識，我與友人乃聯袂拜訪了艾愷教授。

最後的儒者楷模

問：在眾多的中國思想家中間，您何以選擇梁漱溟做爲研究對象呢？

答：我認爲梁漱溟是一位非常偉大的思想家，選擇他做爲研究對象是基於幾點考慮：

第一、由於他是一位非常獨特的人物，他是一位學者，尤其是一位受傳統影響很深的儒者，但同時他一生都在爲實踐他的理想而奮鬪，梁氏在山東的鄉村建設運動，就代表著一種實踐精神的努力成果，因此，我們可以說梁是一位身體力行的人。

第二、在梁漱溟的觀念裏，傳統與現代化是可以二者得兼的，而我個人對現代化問題很感興趣，因此想就梁漱溟本人的個案研究，檢證一下傳統與現代化之間的種種複雜關係。

第三、是由於西方沒有人仔細研究過梁氏，過去西方有許多研究康、梁、胡（適）等人的著作，但對於像梁漱溟這樣重要而獨特的人物，竟無人研究，這是很可惜的，所以我決定自己來做這項工作。

問：在近代中國思想史中，批儒與反傳統是一種常見的現象，但是晚近儒家新學者的努力，卻重新反省與闡揚儒家思想中的傳統精神價值，以抗衡與糾正五四以來流行的批儒見解。這些「新儒家」學者，無疑都是以儒者自期自任的，但在您的書中，卻稱梁漱溟是「最後的儒家」，這是由於什麼原因呢？

答：在儒家的看法裏，一直是以「內聖外王」爲理想的，而當代的新儒家學者，主要則在學院範圍裏著述與做學問，此外並無外緣事功的表現，而梁漱溟的情形卻不相同，梁氏一直強調他是一個行動的人，而且除了著書立說外，他還花了很多的時間精力在他的鄉村建設運動上，所以就整體的角度而言，只有梁氏是在內、外兩個角度上都合乎「儒者」的意義的。

至於稱之「最後的儒家」，則係基於我對現代化的看法。在現代化潮流的衝擊下，儒家的整個傳統制度都已一去不返了，所以今後再要求一個完整的儒家，已是不可能了。

梁漱溟一生的奮鬪，可說提供了一個最後的儒者的楷模。

問：您是否認爲現代化與傳統是無法並存的？

答：是的，我對這點抱持的看法是比較悲觀的。當現代化的潮流席捲到世界各地之後，理性化、世俗化、工業化和功利主義已成爲舉世追求的目標。傳統的制度與價值都受到了根本的摧毀，而且只要現代化繼續發展下去，這種潮流就無法扼阻，儒家在近代中國的命運，正是這一潮流的反映。

問：在當代研究儒家的學者中，有些人認爲儒家雖然受到了各方的攻擊與摧殘，但就儒家的眞精神而言，仍然會在當代人的身上重現，因此做一個「當代的儒家」仍是可能的，對於儒家人文精神的重建以及現代化與儒家傳統是否必然衝突這問題，您有什麼看法？

答：許多當代新儒家學者的確抱此看法，但是否眞能完成此一理想，則未可知。

在我的觀點裏，一個脫離制度與傳統的儒家，或僅抽離出其精神層面的儒家，已不是完整意義的儒家了。但是其中仍有特例，梁漱溟就是一個最好的代表。梁氏是一個文化保守主義者（Cultural conservatist），他的一生都以完成儒家成聖成賢的理想而自任，而且在他的實踐中也的確成就了此一理想，這自然是極爲難能可貴的。

積極做事的行動人

問：根據已故思想史家 J. Levenson 的觀點，在傳統與現代化對立的情況下，當代的儒家已不可能存在了，而且當民國成立，傳統儒家所依附的皇權制度崩潰後，儒家早已是全盤解體了。不管是撫今追昔，或亟亟於重振儒家，都不過只是種情感的「認同」要求罷了。相對於這種說法，晚近的研究則認爲，「現代化」或「認同」的解釋觀點是不足的，在近代中國思想的演變上，還有一支探尋人生終極意義的思想潮流。梁漱溟、熊十力及其弟子正是此一代表，而他們所提倡對儒家人文精神、道德理想與宗教情操的反省，以及對傳統「同情了解」的態度，並非單純的「情感需要」或「心理補償」論所可解釋的，對於此點您的看法怎樣？

答：有人認爲我的書正是針對 J. Levenson 的看法提出的不同解釋。對於 J. Levenson 的「認同」、「情感」等等說法，我的確不贊同，而且從梁漱溟的個例上，我們就可以證明這種觀點的不足。梁漱溟對他一生所努力標的，在理智上是確定不移的，而且他堅執的做下去了，這並非僅僅基於情感補償，文化認同之類的說法所可解釋的，而且梁氏證明在現代化潮流衝擊之後，仍然可以以一個「眞實的儒者」存在著。只是，現代化的潮流繼續加深，工業化與功利主義日漸瀰漫的情況下，要做一個眞實的儒者已經越來越難了，甚且是不可能的。

再從「新儒家」這一思想潮流看來，梁漱溟無疑是其前驅，他首先在「東西文化及其哲學」上，反省了宋明儒學的精神價值、內在超越性等概念，同時對五四時代的反傳統、反孔、批儒等觀念提出嚴正的批判，這些都具有劃時代的意義。但梁與後期「新儒家」學者也有許多相異之點，他常說「不談學問而卒不免於談學問」，而且一生都在「知其不可而爲之」的努力作事，他的鄉村建設運動基本上是結合政治、經濟與教育的多功能的組織，而他領導的「鄉建派」也具備政黨芻形，這都顯示梁氏並非一個學院內的思想家，而是一個積極作事的行動人。

問：就梁漱溟鄉村運動的作法而言，誠如您剛才所說，這是一個多功能的，結合社會、經濟、政治與教育的組織，而且他希望能以實際的「身教」來影響民眾，這種作法，後來有學者指出，是承續自北宋呂和叔的「鄉約」運動，您認爲這與梁漱溟的儒家背景有何關聯，而他又如何使傳統的制度與理想重生於當代的社會呢？

答：許多人都認爲梁氏的鄉建運動是北宋呂氏「鄉約」的現代翻版，如毛以亨的「梁漱溟與北宋呂學」等文都指陳此點，而梁氏自己也承認「鄉約」啟發了一些他的靈感，然而，他也指出，舊制度無法解決新中國的現代問題，事實上，他在師法古人相勉爲善之外，還要求進步，他相信，進步將是鄉建運動的最大成就。

民國十三年，梁離開北大的教席，民十八後，開始實踐鄉治主張，值得注意的是，這一運動的對象並非羣眾，而係青年知識分子，梁氏希望能夠教育青年人，使其擺脫「全盤西化」論的影響，以免走上西方機械文明的存在絕望與自我毀滅，因此，他要恢復儒家的制度與精神，使青年人有健全的人生哲學與行動指針。他並要求他的幹部與青年人打成一片，他們既是儒者，又是專家，而且必須以身作則，教養儒家的道德與善，這與傳統的村學、鄉學的理想可以說是一致的。

問：那麼在實際的作法上呢？

答：在梁的計畫裏，他的「新社會」是以鄉村爲基本單位，而鄉村的中心則係學校，這種學校由幹部與地方上的長者、德行之士所辦理，一方面傳播農業技術，組織合作社和地方自衛隊，同時還教育民眾，推廣識字運動，以及復興儒家的道德禮俗。但我們不要以爲這是食古不化的。梁氏早年曾是激烈的反傳統者，他主張功利主義（utilitarianism），參與革命，並且信佛茹素，到後來才信奉儒家。而在他的復興儒家計畫裏，也注意到許多現代化功能，諸如整理不良風俗，反對纏足，禁食鴉片等，此外他還鼓勵大家關心社區問題，熱烈參與社區生活，他希望能透過這個結合傳統與現代的制度，使鄉村人民成爲經濟、政治和精神上的儒家集體主義者。

在這個基礎上，他認爲將成就一個「權力來自人民」的民主政治，政府官員是合乎儒家「作之師」要求的仁者與長者，而不是視人民爲芻狗，不顧民間疾苦的官僚。但，梁氏的理想畢竟難以實現；他出身於北京沒落的官宦之家，對於鄉村生活與鄉村問題無法眞正理解，結果自然產生許多嚴重的困境了。

鄉村建設與平民教育

問：在梁氏的鄉村建設運動之外，中國當代還有一些與其平行的農業改革運動，最有名的如晏陽初的平民教育運動。但在基本意理背景與實際作法上，平敎運動顯然受到較多的「西方」因素的影響，而且承繼此一傳統的農復會，到今天還影響臺灣的農業建設與土地改革，您認爲，就梁漱溟與晏陽初兩人的努力方向而言，存在著那些異同之點？

答：比較來說，河北的平敎運動與山東的鄉建運動，代表著不同思想背景的知識分子在作法上的歧異。平敎運動最大的特點是，代表一個西化的農業運動，而且其中的核心分子，如李景漢等人，都是受到良好西方訓練的精幹人才，它的成功也在於上述的特質。

但是平敎運動與鄉建運動也有一些相同之處。

譬如兩者都強調教育的重要性，將識字視爲一基本問題，他們也都亟力從事此一建設，另外，梁漱溟的鄉建運動也有一些技術推廣和經濟改進上的成就。他所引進的產銷制度和市場組織的改進措施，提高了農家的收入，另外他的研究部門和學校的農業推廣工作，也提高了當地的農業技術與效率。但是，梁氏的主要關懷是儒家傳統的重建，而這些成就，比較起來，離他的理想實在太遠了。

問：在梁漱溟的基本觀念裏，「以農立國」論無疑是一項重要支柱，就這點而言，與其他鄉村改革者有何異同呢？另外，這種「以農立國」論的觀點，是否係一種復古的論調，而與種種回歸自然，回歸田園的說法，是否也互爲關連？

答：「以農立國」論如果以「反都市文明論」(anti-urbanism）稱之可能較佳。這是一種反現代化的保守主義者的共同觀點，表示著對工業化和都市文明的一種嫌棄與反動。但就中國當時鄉村改革者而言，梁的這種看法並非人人都贊同，所以並不一定具備普遍性。但是梁氏的觀點與西方的美感田園情趣（如梭羅的「湖濱散記」等）也不相同，對梁而言，回歸田園，回歸自然並無特別迷人之處，也無可貴的道德意念。事實上，梁並不嚮往道家的上古烏托邦，他希望保留的是儒家的傳統精神，是道德、人倫與社區的和諧。鄉村建設的目標，可以說就是一種「鄉村都市化」的理想，所以他認爲眞正能救中國的並非工業化或軍國主義，而是精神上的團結一致、文化傳統的傳承綿延和儒家道德理想的實踐。

問：這種強調文化意義的「文化至上論」（Culturalism）的觀點，與梁的民族主義的立場是否相容？

答：的確，梁一心衞道，可以說不是獻身於「國家」（State）的民族主義者。但是他又經常站在民族主義的立場，強調復興中國的傳統，才能使國家富強，所以這就看我們如何界定民族主義了。

知其不可為而為之

問：在近代中國思想史中，常可見到類似梁氏這種「文化民族主義者」的觀點，關於這方面，我們是否可以釐清「民族主義」與「國家主義」兩者的關係？

答：在西方的用語裏，民族主義和國家主義都可譯爲 nationalism, 但在中國，我們大致上可以分別民族主義（nationalism），國家主義（nation-statism）和種族主義（racism）之間的差別。而主要原因之一，係因爲在中國「民族」是一複雜的觀念，中國並非單一民族所構成，而且過去「夷夏之防」，往往根據的是「文化」的概念做區分標準。但在近代中國思想史裏，卻有一些獨特的現象。

譬如說，章太炎的「反滿」即可視爲「種族主義」的觀點，而梁啟超雖是「國家主義者」，但卻不強調種族主義，至於孫中山先生我們通常視爲民族主義者。晚近的新儒家學者與一些文化保守主義者，則係基於一種「文化民族主義」的立場。所以我們應該特別注意這些思想人物本身的思想發展背景與人格特質，勿輕易以辭害意。

問：在近代中國保守主義陣營裏，劉師培等的「國粹派」、梅光廸等的「學衡派」和梁漱溟、熊十力、唐君毅等的「新儒家」，雖然有其共同護衞傳統的立場，但在解釋觀點上，卻呈現著許多歧出之點，您認爲主要的歸因在那裏？

答：劉師培、章炳麟等的「國粹」觀念，基本上係延續張之洞的「體用」觀念而來的，但是由於他們的反滿立場，因此採用了日本新造的語彙「國粹」來代替張之洞所用的「體」，而「國粹」所指的意思主要是中國的社會習俗，道德哲學和傳統文學；直到今天，這一派的影響還持續著。

再者，「學衡」雜誌派則是在「五四」前後才崛起的。梅光廸、吳宓等人對何謂中國的「體」，在觀點上與國粹派已有所不同，他們只將其視爲一種與西方古典文化擁有同樣地位的文化傳統，而不再採取過去「中國文化優於西方」之類的說辭了。他們介紹白璧德的人文主義，同時強調儒家傳統價值，都是代表著這種觀點。

至於另一方面的「新儒家」，則著重儒家宗教精神與道德傳統的價值——尤其是對宋明儒學的闡揚。與「國粹派」比較起來，「新儒家」並不重視古典的文學遺產和經義的訓詁考據，例如梁漱溟就認爲像淸儒一樣做餖飣枝節的研究，是不值得的，而且他指出所謂的「國粹」，不過是陳舊的古董，一些「死板板」罷了。另外，後期「新儒家」特別重視心性、義理之學與形而上學的研究，也說明了他們努力方向的重點所在。

問：回到梁漱溟的個人問題，最後我們想請教您，梁濟的自殺對梁漱溟究竟有何重大的影響？

答：影響是十分明顯的。梁漱溟的鄉建計畫，想以教育團體來進行思想與文化改造，就類似他父親所持的儒家理想。梁濟想以道德教化保存中國的傳統價值，而且曾經將他的計畫小規模的在當時京師地區實行過。梁漱溟也是基於同樣的信念來實行他的鄉建計畫。

另外梁的由佛入儒，自然也受他父親的影響。

總之，梁漱溟的一生努力，都與梁濟所身獻的儒家傳統息息相關。他的希聖希賢的具體努力，雖然未獲竟功，但我們可以說，梁漱溟已提供了一個當代儒者「知其不可而爲之」的偉大典範。

論中國大陸知識分子的悲劇命運

——從梁漱溟事件談起

一

一九一一年的三二九，黃花岡七十二烈士爲了民族的苦難效死沙場，以個人短暫的生命換來了民族與歷史的永恆。他們的形體雖早已物化湮滅，但縷縷忠魂卻隨著黃花岡烈士墓的建立，而成爲不朽的基石。黃花岡上的七十二塊基石，正代表著中國青年運動史上重要的里程碑，也象徵中國知識分子對於民族苦難所採取的最終抉擇。而在這七十二塊基石上的青天白日徽，正象徵他們的抉擇是理智而正確的，如同青天白日光照寰宇，也成爲每一個現代中國知識分子心頭的一盞明燈，就是這盞明燈，寫下了三十年來大陸知識份子的悲劇命運。

民國三十八年以後，黃花岡上的青天白日徽被剷倒了，代之而起的是自由女神像，不久，自由女神像也倒了，繼之而起的是一把火炬，但不旋踵間，火炬又滅了。現在，七十二塊基石上，空空如也，青天白日徽、自由女神像、火炬，統統沒了。但黃花岡上，仍是青天白日，大形的石徽、石像，去之容易，但自由的呼號，希望的火花，卻永不停息。

本文卽以一位早年參加革命活動，一生以聖賢自期的儒者——梁漱溟爲焦點，檢討中國大陸知識分子的悲劇命運。

二

民國四十年，中共統治大陸的恐怖政策進入了一個高潮，「土改」。「鎭反」、「抗美援朝」同時進行，而寒冬一來，更展開了一個戕害知識心靈的「思想改造運動」，周恩來在九月間，要求知識分子用自我批評的方法改造自己的思想，許多知識分子都在淫威下被迫自我羞辱，但其中梁漱溟卻拒絕了，他說：「缺乏階級自是中國的特性」「我從不相信我是唯心論者，亦正如我從不相信我是改良主義一樣。正如此，所以我總不喜歡旁人向我宣傳革命，向我宣傳唯物」，他並且管覆各報刊對他的攻擊：「人的思想是求通的……，總是變以求通，……我不能向不通處變」，他對知識的眞誠與對人格的堅持，終於爆發了兩年之後的「梁漱溟事件」！

民國四十一年九月，毛澤東召開了中共中央人民政府委員會第廿七次會議，梁漱溟在會中發言，指出鄉間農民生活淸苦，比起工廠工人的待遇，有如「九地之下」與「九天之上」之別，當時周恩來和李維漢指責他居心叵測，想破壞工農聯盟，但梁漱溟毫不畏懼，並要求毛給他十分鐘時間發言，他走上臺說：「我的發言，一則是考驗我自己，一則是考驗共產黨的雅量。」旋即毛澤東，便在主席臺上與梁漱溟爭執起來，他惡意的以黨的教條指責梁的「反動」，並以所謂的「對革命無功」，來拒斥梁氏的詰難，他更進一步要梁氏作一件工作，「這件工作不是由他『代表人民』向人民政府『呼籲解放』，而是由他交待清楚他的反人民的反動思想的歷史發展過程。」當時，梁氏孤孤零零的站在臺上面對著獨夫的讕言，他本來想繼續發言，但臺下喊著「反動分子滾下臺來」！「反革命分子滾出去」！「打死反革命分子」！這時他面臨的不僅是一個獨夫，一羣無理性的羣眾，而且是一個龐大可怕的政權機器。梁漱溟終於以沈重的步伐走下發言臺，這是一個知識分子的無言抗議，也是學術被政治駕馭，知識為階級服務的可悲下場！

二十多年來，梁漱溟一直堅持他的原則，他雖處於軟禁狀態，但從不昧著良心，向這部政權機器低頭。民國六十五年初，中共派人勸梁氏為文批孔，梁氏回答說，他是「獨立思想」的人，認為批孔無必要，又說，他是「表裏如一」的人，心中不能批孔，批孔的文章也寫不出來，而且他年已八十三，實「無所畏懼」。梁氏的道德勇氣，正是二十世紀中國知識分子的典範。

三

從社會學的眼光看來，知識分子和政治權威之間的關係，如果開始發生緊張時，知識分子往往必須面臨一個道德的抉擇。著名的社會學者艾森斯達（S. N. Eisenstadt）曾經指出，這種道德上的抉擇，會影響知識分子對於社會參與問題的反應，而且這種反應會趨於兩極化，一個極端，是知識分子從現存的政治、社會秩序中退隱下來，退縮到私人活動的領域，藉此修心養性。另一極端，則有兩種可能：不是依附那些既得權力的掌握者，就是揭竿而起，與之相抗。在中共這樣一個極權社會中，知識分子除非擁有龐大的政治與社會後援，否則揭竿而起，將只是孤獨的個人與政權機器的鬪爭，其命運的悲慘是註定的。但是如果個人與政權的相抗能喚起廣大羣眾的自覺，則個人的犧牲卻蘊涵着偉大的悲劇性意義，而且這還是一個極權社會獲得新生自由的契機。梁漱溟在中共的社會中，正代表着這種希望的曙光，雖然他的命運是悲慘的，他的影響力在整個政權機器中也許微不足道，但是這股力量經由彙聚而日益壯大。從中國傳統知識分子扮演的角色看來，梁漱溟正代表著一種「存天理、去人欲」的偉大士人精神。所謂「存天理、去人欲」，依徐復觀先生之見，對知識分子而言，乃是「存人性所同然之理，以保障人民的共同利益」，以及「去知識分子高出於人民以上之欲，以成全人民的合理欲望」。而中共雖然口口聲聲喊「人民」，卻是去人性之天理，而存階級的偏理；去人民生存之欲，以成就中共領導核心自身之大欲。因此中共眼中梁氏的執迷不悟，卻是中國文化中「死守善道」「擇善固執」的最佳表徵；相反的，面對惡勢力而喪失志節，趨炎附勢的人，如郭沫若者流，卻成爲歷史中的丑角，永遠要作哈巴狗，搖尾乞憐！

至於另一類型的知識分子，從現存社會、政治秩序中退隱，或與中共政權保持距離，或與其虛應周旋，但仍維持一定的人格與志節者，在基本上則是一種傳統中國士人「爭百年不爭一世」精神的寫照，只是在過去專制王權下，只要與政治疏離，還可做一番留之名山的文化事業，而將希望寄託於後世，但是在二十世紀新極權主義籠罩之下，強權的觸網無遠弗屆，知識分子想保留住一塊乾淨土，已是不可能的了！

梁漱溟事件以後，中國大陸還有成千成萬知識分子面臨了同樣悲慘的命運，五十年代的「鳴放運動」，在毛澤東的「陽謀」下，知識分子透露了他們胸中的一點靈明，但也因此而使他們的心靈與形體，受到了殘酷的戕害，其中著名者如費孝通等的「六敎授事件」，以及「新五四運動」中的林希翎等人，爲了要求有限的自由與民主，結果不得善果。到了六十年代的「文化大革命」，毛澤東進一步以非人性的作法，爲近代中國史更帶來了極慘痛的一頁，吳晗、巴金、周揚、田漢、賀綠汀……以至「省無聯」的青年楊曦光等人，都逃不了被鬪或入獄的下場。「文革」造成整個社會秩序的崩潰，而知識分子正首當其衝。

在五十年代與六十年代中，中國大陸的知識分子多半是被動或受「陽謀」的誘引而捲入與政權的鬪爭之中，但知識分子在其中的批判功能，卻受到整個社會環境極大的囿限。在極權制度下，社會的多元力量無法形成，知識分子的專業角色，也受到極大的限制，因此知識分子對現狀的批判是孤零的，道德與正義對極權的領導中心和盲目的羣眾而言也是無意義的。在「階級利益」的美名下，知識分子自然發揮不了作用。但是，在「文革」的慘痛敎訓後，知識青年也逐漸邁過極權的藩籬，開始自覺了，於是遂有民國六十三年十一月「李一哲大字報」的呼聲，對「無產專政」、「文革」、「批林批孔」，進行無情的批判，而且他們進一步要求民主、限制特權，以及保障人民對國家和社會的管理權……。雖然這是「社會主義的民主與法制」，它的主張必然有一定的限制，而「李一哲」的三位作者也已被逮捕入獄，但是自由的呼號卻不會平息。最近，魏京生等人對民主、人權的要求，正是與此事件一脈相承的，而且七十年代中國大陸的批判運動與過去不同的是，它是來自社會新生代的青年們的要求，它顯示極權社會絕對掩蓋不住人性對自由的渴望。今天，中國大陸的現代化運動雖然僅以軍經等爲範圍，有意地規避政治的現代化，但是現代化運動的影響必然是全盤性的，隨着經濟的發展，即使是有限度的資本形成，也會逐漸帶動一個多元化社會的開展，進而由多元化的社會力量而帶動民主的建立。因此，邁向現代化本身便意謂着一種強烈的革命取向，一旦展開，便難以遏止，而在現代化的過程中，中國大陸的知識分子必須擔負起破壞舊極權，塑造新民主的角色，不畏強權的發揮中國知識分子的批判與抗議精神。二十多年前，梁漱溟以一介書生支撐着此一重任，我們期望更多的中國大陸知識青年能以更堅毅的民族氣節向極權誓死抗爭！

兩千多年來，中國的知識分子一直脫離不了悲苦的命運，從「俗儒、陋儒、賤儒、到縱橫捭闔之士、氣節之士、幫閒淸客，這類的知識分子，都不能免掉被殺或被辱的命運」（牟宗三先生語），而此一困境的癥結，則在社會結構中多元力量的無以形成，民主政治的無法開展，結果我們遂看到一羣羣的知識分子，走上了悲劇性的一生，雖然他們爲中國歷史帶來了悲壯的一頁，但苦難的煎熬卻永不止息。

而今天，在一個邁向現代化的社會中，我們欣見民主的基礎已逐漸穩固，可以肯定，中國知識分子將有另一階段的新使命，我們也相信，自由中國的每一人，都應堅定民主的信念，期待更光輝的民主時代的來臨。同時我們也應期待與策勵神州故土的同胞：以更大的毅力向極權抗爭，讓自由民主光耀於大陸的原野！

半個多世紀以前，七十二烈士爲國捐軀了，當時他們只爲了一個信念：建立自由民主的新中國。半個世紀後，烈士墓上的青天白日徽被剷除了，但我們肯定，在每一個中國人的心中，自由民主的青天白日將永遠屹立不朽！

知識菁英與統治階層的緊張關係

——從一場學術討論會的觀點談起

知識分子與國家的關係，一直爲傳統以來中國的士大夫與知識分子所亟亟關注。雖然知識分子中一直有人強調道統與學統的優位性或者強調「道尊於勢」，但事實上，知識分子往往受到政權力量的統馭和侵凌甚至遭到戮殺、滅門的慘劇。因而，中國知識分子傳統以來的悲劇命運，一直構成了中國思想史上的沈痛主題之一。

近三十餘年來，海外學界對中國知識分子角色的研究，已隨著對五四運動、共產主義、自由主義、保守主義等意識型態的檢討，而逐漸引起知識界與輿論界的普遍關切。一方面，思想史與文化史學者從人物傳統與觀念流變史的角度出發，檢視重要的知識分子的心路歷程。另一方面，社會學、政治學等領域的社會科學家們，也開始根據個案及衆數兩個角度，廣泛的檢討知識分子與國家，社會間的關係。關於前者，早些年前學界已有關於嚴復、梁啟超、孫中山、胡適、王國維、陳獨秀、李大釗、瞿秋白、魯迅等人的傳記性研究，近年來則開始對當世人物，如梁漱溟、費孝通、丁玲、周揚、陶希聖、唐君毅、張君勱、錢端升、翦伯贊、艾思奇等作較仔細的探討。由於傳記性研究日益豐富，對各種不同思潮、背景的知識分子均有較清晰的掌握，使得社會科學研究者逐漸能了解到文化、知識界的全貌及其與政權間的關係，在尋求做通論性解釋時，也就比較能減少以偏概全、掛一漏萬的缺憾了。因而，他們已能比過去更紮實的，立基於廣泛的個案的基礎，對知識分子與政權、政黨、國家等的關係，提出更爲周延的解釋。一九八四年五月五日，哈佛大學召開的「知識分子與中共：新關係的探索」討論會，正是當前研究趨勢的一項反映。

過去十餘年來，美國的中國研究學界中，曾經出現過幾次大的波折，從文革時代的毛主義狂熱，到四人幫倒臺後對中國大陸的全面失望，一直到最近因中共開放市場，改革經濟而重新興起的樂觀情緒（參見黎安友Andrew Nathan撰：「美國對中國的態度：新樂觀主義與一些歷史上的觀點」，美國「知識分子季刊」第三期），都顯示了中國大陸內部的變遷對海外學界的影響。但是，大部分持重穩健的學者，卻並不輕易的隨一時風尚或某些短暫時期的變象而迷惑。相反的，他們仍不時的從歷史連續性的角度，冷靜的觀察中國當前局勢與中國人思想及行爲中的「常」與「變」因素，以期發掘出比較能掌握到時、空兩方面深度與廣度的知識觀點。而從歷史與現狀兩方面來觀察中國知識分子與國家的關係，就是其中的一項著重點。

在哈佛大學舉辦的這次一天的討論會中，許多學者分別就近代與當代中國知識分子的一般趨勢及個別案例兩方面出發，檢討了知識菁英與統治階層的關係。與會的專家中，包括歷史學者、政治學者、社會學者及一般的東亞專家。下文中我僅就自己興趣的著重點，做一些選擇性的議題介紹，並提出一些個人的觀點。

華裔思想史學者杜維明教授在討論會中曾就「國家——社會」對立關係做了一番闡釋。他指出，在中國歷史上統治集團與知識菁英之間的關係向來是緊張的。雖然儒家理想一貫強調的是道統應涵納政統，換言之，政統應受道統的指導，「道——學——政」的次序不應顚倒，亦卽知識菁英應指導政治的決策，賢君則應善納雅言，但這種想法與更高的「聖王」理想，卻從未在中國歷史上眞正實現過。三王五帝，風俗之美，也僅止於遙遠的傳說罷了。

相反的，在中國歷史上，我們看到的往往不是統治的帝王權貴（代表國家）操縱、傾軋與羞辱知識分子；就是某些知識分子主動採取疏遠的態度，竭力批評時政，或與執政者所御用的知識分子竭力相抗，形成異議集團。這種處於偏陲角隅的在野知識分子，在中國歷代處處可見，從明末的東林黨到當今的王希哲、魏京生，都不能免於孤立和被壓迫的悲慘處境，也構成了一個知識分子的抗議傳統，但正是這種涓滴未斷的抗議精神，爲儒家「知其不可而爲之」的理想，寫下了悲壯的歷史腳註。同時，也使得在俗儒、腐儒與御用儒家的腐朽面之外，中國文化傳統中也一直存在一個純儒、眞儒的人文傳統，強調著民本與民貴君輕的價值。孟子的王霸之分、義利之辨，正是此一理想的代表。

近撰「現代中國的知識分子與國家」（1981）的賈祖麟（Jerome B. Grieder）教授，也在討論會中指出，文化、民族與國家三者，對於中國知識分子而言，是有區別的。文化乃是自我認同與自覺的對象，涉及傳統與生活、信仰等層面。民族（Nation）則是主權的象徵，與文化的關係密切，至於國家（State）則是行政體制與權力機構的代表。在黃宗羲的思想中，就出現「國」與「天下」的分野，正代表著「國家」與「民族」這兩觀念的區別。

與會的學者中，也有人指出，白樺「苦戀」中的名言：「你愛我們這個國家，可是這個國家愛你嗎？」正啟示著「國」與「天下」或「國家」與「民族」的區別。在這兩句話中，前一句的「國家」實指民族，後一句的「國家」卻代表著權力機構的壓迫，亦即 State。中國近代民族主義的情緒始終高漲，但按照上文的解析，我個人認爲，「民族主義」實不同於「愛國主義」，民族主義是對民族與文化的認同，愛國主義卻代表著對國家現行權力體制的肯定與熱愛。從這樣的觀點看來，由執政者所倡導的「愛國主義」口號，實係鞏固政權與統治集團的護身符。同時也隱含著對現階段基本國家政策的肯定。這與強調民族與歷史的光榮，並對文化產生認同的民族主義，實在存在著相當大的距離。因爲後者向來是強調只以歷史、民族、文化爲認同對象，對一家、一姓、一黨之私卻不會輕易効忠的。孔子對管仲的權術之道雖不無微詞，但對他捍衛文化傳統所表示的敬意，正是上述這種民族主義的寫照。

固然，民族主義主要是一種近代的現象，並與民族國家（Nation-State）的興起有密切的關係。而且在西方世界，由於採用拼音語言的關係，語言一經長久的隔離發展，就形成不同的語系，也爲不同民族間劃分了關係。在這樣的情況下，日耳曼語系下出現了瑞典、德國、奧地利等不同的民族與國家。斯拉夫語系下也出現了捷克、南斯拉夫、蘇聯等不同的政治與民族團體。基於上述的因素，以及其他的宗教、戰爭與歷史事件的推波助瀾，「民族主義」在西方實與「國家主義」不易劃分。但對於此種現象，我們不應輕易的直接應用到中國的情況上。而且，根據我個人初步的觀察，民族主義與國家主義之間的異同，至少在西方單一民族國家和多民族國家（如南斯拉夫、比利時等）間，就應做不同方式的處理。有時甚至必須增加「種族主義」一詞（如在美國），以釐清三者間的關係。因此，輕易的將民族主義與國家主義等同起來，是不必要的。

在中國的環境裏，愛國主義與民族主義的分野，至少可從中共的一些案例中看出。一位研究中共史家翦伯贊的學者就在這項討論會中指出，翦氏倡導歷史主義，反對用現成的意識型態教條去局限歷史，就是代表著一種反對「以論代史」的努力，這種要求「論從史出」（姑且用此一名詞）的態度，代表的是一種學術上的眞誠，也是對民族文化表現出基本的敬意。但是這種對民族文化與學術眞誠的執著，卻與要求效忠政權（及其意識型態）的愛國主義發生了基本的衝突，同時也顯示出了民族與國家間的緊張性。其結果是，翦伯贊遭到了無情的整肅，這與蘇聯整肅沙卡洛夫，東德整肅巴哈洛（Rudolf Bahro，現已釋放）一樣，都顯示了共黨國家必須運用暴力來維繫意識型態與國家威嚴，同時它也說明了知識分子與統治階層間的不穩定關係。最近人民日報副總編輯王若水的下臺，正說明了即使是傾向「改革派」的知識菁英，也有可能因爲權力的鬥爭與意識型態上的些微分歧而受到打擊。如果說，翦伯贊、梁漱溟、吳晗等案例代表了五十、六十年代中國大陸知識分子與中共政權間的緊張關係，那麼在七十、八十年代遭批判的周揚、王若水和目前仍身陷囹圄的王希哲、魏京生；以及不幸被陷害殺戮的王申酉等，就代表著中國知識界、輿論界中持續的悲劇命運了。現在，周揚已經重獲黨與社會的肯定，王若水假以時日也可能復出。但對另一些年輕的異議分子和民運人士而言，他們的命運卻仍是搖擺不定的。這不僅應從比較共黨政權的角度來觀察，而且也必須從中國知識分子的歷史命運上做反省。在古代的帝王專制和當今的極權壓制下，中國大陸的知識分子與知識從業者都必須在民族認同、自我良知、知識眞誠和統治象徵之間有所抉擇，但國家與統治集團的象徵卻往往是最後的勝利者。雖然，「道優於勢」的呼聲在歷代都可聞及，但僅止於空洞的呼號和內在的道德要求，卻不能發揮具足的制衡力量使知識分子獲得安身立命之所。唯有待社會經濟條件的發展，在人民內部中逐漸形成自主的組織力量，才可能使得政權的壓制有所忌憚，知識菁英被羞辱迫害的命運，也才會獲得較大的安定的保障。

換言之，中國歷代哲賢對賢君、王道的期許，以及對個人誠正修齊治平等修身之道的期待，都是在外在制度開展不出足够的制衡力量時的設計與安排。雖然中國歷代都有諫官或御史大夫的制度設計，以防範帝王權力的過度濫用，而且也的確曾發揮過一些功能。但這種「仰賴尊聽」的諫史傳統，與西方分權制衡制度下的民意監督，卻相差不可以道里計。過去幾十年來，中國和許多東亞儒家文化圈影響下的社會裏，雖然也逐漸設計了一些類似西方的制衡制度，但由於這些制度基本上只是橫向的移植，卻缺乏具足穩定的社會力量在其後支撐，使得民意監督與民主的形象僅止於表面，實質的功能卻尚未發揮。這也造成了當前研究憲法和政府制度與研究政治行爲與權力運作之間的吊詭現象，那就是，憲法、法規與制度的規定往往是一回事，實際的運行卻常是背道而馳。究其因，實在是因爲「法治」(Rule of Law)已被誤解爲「依法而治」(Rule by Law)，但是「憲政主義」(Constitutionalism)的權威卻並未樹立，憲法的尊嚴旣未被肯定，其結果必然是違憲立「法」大行其是了！

上述的現象，在號稱「社會主義法制」的中共社會裏最爲明顯。因爲它一方面結合了共黨極權社會裏憲法因人而廢的「夭壽」傳統，另一方面又結合了中國傳統專制王權中「朕卽國家」的傳承。因此，一方面中共在一九四九、一九五四、一九七五、一九七八、一九八二年，五次修憲，奠立憲法或具憲法性質的共同綱領，以期符應統治階層的需要，但另一方面，卽使是憲法成立，而且是符合自己的需要而制定的，但遵守與否卻還是另一回事。因此，鄧小平公然可以以軍委會主席與黨顧問委員會主任的身分，斥責憲法規定的國家副元首，人大會副委員長黃華等爲「胡說八道」。也可以公然否定法律的權威，隨意的放人或抓人。這種目中無法的法制虛象，在在說明在「憲政主義」的權威尚未樹立的今天，中國人民還有許多的權力待爭取，還有許多的民主與法治經驗待學習開創。如果缺乏自覺的努力和社會經濟發展的基礎做倚靠，極權與專制的奴役將是無法衝破的！知識分子的命運也必然是幽黯的。

根據上述的了解，我們再看知識分子的角色與使命，無疑將更為清晰。現代知識份子與傳統士大夫之間無疑有著非常大的連續性，但由於社會經濟的發展、知識的普及，和民權的成長，知識分子不應也不可能再扮演高人一等的角色了。同時，在努力建立法治，樹立憲政權威的努力中，知識分子也理應有比較大的可能，逐漸擺脫為統治階層所侵凌、壓抑的命運。因此，知識分子一方面不應目空一切，以知識貴族自居，另一方面也不應自欺欺人，逃避於社會與文化的建設責任之外。但，中國當代知識分子至少應肯定與傳統士大夫之間有一連續關係，亦即運用知識的力量，教育與影響大眾，並以傳統的批判精神，向社會、向政權、向統治階層、向國家權力的掌握者做積極的呼籲與反省。從這樣的角度看來，知識份子既不會妄自菲薄，僅以科技官僚或知識的販賣者與供應者的角色自限，也不該拋棄社會與政治批判者的傳統使命，只以政權所象徵的國家作為其效忠的對象。知識分子理應超越清客、家臣與黨員等等的角色，從對民族與歷史的反省角度上，做更高層的效忠與反省。就這一層面看來，民族主義與愛國主義，自然是不可等同的。

今天，在中國大陸上，文革的陰影已經逐漸過去了，但是文革所象徵的專制餘毒，卻並未全然撤退。中共新的領導階層，已經積極體認到知識分子的重要性，他們也知道，在馬列毛幽靈三十多年的廻蕩下，「國家」所象徵的權威已經受到了嚴重的打擊，對知識分子的號召也已不太管用。因此，這時鄧派的作法只有重拾起民族的大旗了。誠如在這次討論會上，政治學者與中共專家麥克法克（Roderick MacFarquhar）所說，中共當前是：「國家（權威）已死，唯有民族長存；未來已死，唯有現在是惟一的眞實。」因此中共只有以「先富起來」做號召，只有讓眼前的享受取代未來的社會主義烏托邦，才是恢復元氣的唯一辦法。但是，另一方面，中共領導人還是深恐改革的浪潮一發不可收拾，甚至走回資本主義發展上市民階級興起的老路，造成「資產階級」民主思想的抬頭。因此，在經濟政策的有限度開放之餘，他們仍要緊守政治與意識型態的關係，以免自由思潮的抬頭。在這樣的處境下，知識分子的自由空間雖然已拓展了一點，但卻與樹立法治、憲政基礎與尋求獨立自主地位所要求的規模，相差仍極爲遙遠。知識分子與統治階層的緊張關係，也必然將持續下去。在這樣的路口上，反省知識分子的角色與使命，自然仍是無法樂估的了。

（註）翦伯贊（一八九八——一九六八），湖南桃源人，維吾爾族。曾任中共治下的北大歷史系主任、中國史學會秘書長、北大副校長、政協委員會、人大常委會民委委員等職。他雖是馬列觀點的史家，但亦主張歷史主義，亦即以歷史人物所處的歷史時代和歷史條件，進行具體的分析。他認爲一定的歷史時代只能產生一定的歷史人物，這乃是歷史的局限性。翦氏反對用當前的時代觀念或流行術語，輕易的臧否古人，而應從歷

史人物的時代條件與環境做衡量基點，做如實的歷史評價。因之，他反對某些中共史家以「個人英雄主義」、「破壞統一戰線」的罪名加諸三國時代的關羽，也反對另一些從意識型態觀點批評岳飛、史可法具「封建奴才思想」，算不得民族英雄的說法。這種觀點導致翦氏在文革時期慘遭鬥爭的噩運，從一九六五年起，他的處境日益艱難，他的歷史主義、「讓步政策」等觀點，遭到文革當權派的嚴厲指責。一九六八年十二月，終被迫害至死。

第三輯　民主與自由中國

知識多元主義與臺灣學術發展

自從一九四九年政府遷臺以來，三十五年間臺灣地區的發展經驗已經累積了許多值得珍視、檢討與反省的資料與素材。過去學界和輿論界已經就臺灣的政治、社會、經濟等方面的現代化經驗多所探討，但對於學術、文化層面的研究分析則較少見。本文嘗試以總體的分析眼光，對臺灣知識界的發展現狀做一初步的檢視。對於關心臺灣學術與知識發展的讀者而言，這種整體性的觀察仍有其必要性。它至少有助於我們從現狀的了解著手，對今後的發展路向有一較清晰的認識與反省。

在本文中，所討論之學術界與知識界，將以人文與社會科學領域爲主。討論對象，則包括了正規學術界與學術界以外的知識分子或知識從業者。

臺灣知識界的多元化進程

本文所指涉的多元社會及多元觀念，是以英語世界中所慣用的 pluralistic society 爲範疇。在這樣的名詞界定下，社會中的多元化指的是在法治、自由、民主的前提下，個人根據自己的興趣、才情與學養，做自己要做的事，組織自己想組織的團體，或自由參與社會性活動的一種現象。這種現象的形成必須合乎下列幾項條件：㈠法治（rule of law）的至高性，包括憲政的權威性，政府、社會及個人對法之公正性的共識，換言之，法治的權威是被政府與社會各成員所共同遵循的。㈡對個人作道德性的肯定，亦卽肯定每個人皆爲一道德之主體，不得因其他目的，犧牲個人，或將個人視爲完成某一目的的工具。㈢民主基礎下的社會分殊化(social differentiation)，社會中有基於不同的利益、意見或與趣而形成的團體，彼此根據民主的原則與共識，互相競逐、批判或溝通，因而形成了一種自然的秩序規則。

根據上述的標準，與三十年前比較起來，臺灣在「多元化」的步調上已有長足的進步，尤其是在中產階層的推動下，社會分殊化的發展日益顯著，法治的至高性也漸受朝野雙方的注目，但從嚴格的標準看來，臺灣未來仍應在漸進、穩定的基礎上，繼續向多元社會的目標邁進。

就「知識多元化」的層面而言，三十年來臺灣的知識發展在步調上較爲緩慢，在知識發展的自主性上，也因受到歐美學術的影響，較缺乏獨立性。但就知識傳承與發展而言，則不難發現許多重要的歷史軌跡，顯示了在學術史上的連續性。但若以「知識多元主義」的重要條件：㈠學術、知識的自由；㈡學術的獨立性；㈢知識間的互相溝通與批判等三項標準看來，當前的知識從業人員還有很長遠的路要走。當然，學術、知識的多元化本身不能脫離社會的多元化，因此，談知識發展的同時，也必須顧及社會、政治與經濟的發展現況及結構。

臺灣知識界的分殊化現象

就知識多元化的嚴格標準看來，臺灣當前已有相當程度的學術獨立與自由，同時知識間的批判、溝通也已呈現端倪。如果從知識界中分殊化的團體間作觀察，此一現象益形清晰，現爲分析方便起見，將臺灣知識界的工作者，粗分爲下列六大派，其中有許多成員係跨越許多派系的，但也有許多成員則僅屬其中某一派，另外也有少部分知識從業者並不在下列各派之中。

㈠官方學術

官方學術包括下列三項支系統：

①三民主義學派；②中共研究；③儒學研究（孔孟學會）。這三支系統，都可溯源至一九四九年以前，而且在相當程度上彼此互爲連繫，但由於學術分工日益專精的關係，近年來專業化與專精化的現象日益顯著。以三民主義學界爲例，自早期戴傳賢等的理論發展到一九七〇年代由西方訓練的社會科學家大批加入研究，其間面貌已有相當大的調整。知識專業化與意識型態色彩的

淡化尤爲明顯。目前已有二所大學博士班和六、七所碩士班專業培養這方面的人才。

官方學術系統在三十年來最大的發展特色是意識型態上的寬容性逐漸擴大，其中尤以民生主義的研究最爲顯著，由於學者間對資本主義經濟體系在態度上的歧異，曾經發生對於福利思想與政策，政府角色與機能以及計劃與自由經濟等論題的爭執，同時，在民權主義方面，也曾發生對五權憲法體制及現行憲政體制方面的爭論，這些爭論，一方面顯示不同訓練，不同背景的學者在觀念及治學態度上的歧異，同時也顯示官方對意識型態研究已採取了較爲彈性與開明的態度。此一態度同時也顯示在對中共研究方面，召開中美、中日大陸問題會議，卽爲明證。

㈡國學研究與文學研究

官方的國學研究與學院內的國學研究在人員與系統上有相當大的重疊性。前者以孔孟學會爲代表，後者則包羅了各大學的中文、歷史等科系。在知識傳承上，臺灣的國學研究受到兩支學術傳統的影響，一爲清初以來的樸學傳統，注重訓詁、詞章、考據、文字等小學的研究，另一則爲民初以來德國歷史學派在中國的流脈影響，亦注重考據、史料等的蒐集研究，兩者關係密切。國內所通稱的「漢學界」，亦卽此學派的代表。

相對於中文系的傳統，臺灣的外文系或英文系學者在研究主題上較傾向文學、戲劇、藝術等方面的研究，同時著重創作訓練。近二十年來，外文系對於比較文學、文學批評的理論介紹也甚爲用心，其影響所及，近年來中文系的學者也開始應用西洋文學理論對中國文學題材作比較研究，對於中國文學理論的探索亦不遺餘力。因此，中文學者與西洋文學專家之間的對話、溝通，日益頻繁。雖然國學研究者與文學研究者在學術觀念與方法上差異仍大，而且還可細分出許多支派，但由於研究主題上的共通性，兩者仍可歸屬於同一範疇。

在知識的溝通與批判方面，文學與國學界呈現的多元化現象頗爲顯著。早期（一九六〇年代）現代派首先揭竿而起，對保守的學界提出改革要求，近期異議運動中的鄉土派對現代派又起反動，造成鄉土文學論爭的熱潮，至今未休。另外國學界本身也受到新儒家與思想史學者的影響，近年來也著重對義理、思想的研究。

㈢新儒家與思想史

新儒家是指當代著重義理研究，尊宋學、反清學的一批文化傳統主義者。在知識態度上，他們反對五四以來的反傳統主義或西化論思想，認爲以原始儒家與宋明儒學爲代表的心性之學，乃是儒家文化的結晶，也是值得發揚的傳統精髓。他們對樸學傳統的細瑣考據之風甚感不滿，大力提倡用同情了解與抱持敬意的立場，對傳統思想作細密的研究。在政治立場上，他們接近民社黨早期揭櫫的民主社會主義，反對極權專政，也反對主張全盤西化論的自由主義者。近年來，港、臺、美等地的新儒家日益受到學術界的重視，他們的學術成就已得到中外學界的積極肯定，在臺灣和美國的漢學界，新儒家所受到的重視程度亦與日俱增。

與新儒家在知識立場上相當接近的一支學脈，是受到新儒家影響的一些思想史與哲學學者，他們對中國傳統文化及其近代發展的了解較新儒家爲複雜，對現代化與現代西方文化的認識也比自由派的行爲科學家深刻。但在政治立場上，則多屬自由主義陣營。目前新儒家及思想史學者對臺灣學界已起了很大的反省作用，無論是從批判或溝通的立場出發，他們對於官方學術、社會科學界、漢學界乃至異議運動均造成積極的影響。

㈣現代化學派與行爲科學

這是當前臺灣社會科學界的主流學派。大部分學者都受到現代化理論和行爲主義的影響，強調經驗研究、理論建構和價值中立。在學術傳承上，主要是受到美國社會科學界中帕森思學派等的影響，強調現代化目標至高性，對於傳統文化，則多抱持批判或漠視的態度，並將傳統視爲保守、落後的殘餘。他們認爲歷史的發展，有其樂觀性與目的性，人類社會終將走向進步、多元、法治、自由的境界。至於政治立場方面，他們主張自由主義與民主，反對集體主義和極權專制。

一九七〇年代前後，由於現代化學派在歐美遭到嚴重的打擊，新興的批判理論、現象學、結構主義，世界系統論和依賴理論等相繼產生影響，臺灣的現代化學派在一九八〇年前後也開始面臨挑戰與反省。同時如前所述，來自新儒家與思想史學者的影響亦與日俱增，使得現代化學派在知識方法與研究主題上開始面臨轉變，對傳統文化重新反省，對西方社會科學主導理論的探索，以及對中國研究及本土研究的重視，都顯示了臺灣社會科學界已面臨了多元化的轉機，雖然轉變成果尙無法逆料，但可以肯定的是，臺灣社會科學界的多元化趨勢已無可避免。

現代化學派由於人數眾多，發言也較有力，對本文所提及的各個學派均造成或多或少的影響。其中對官方學術或異議運動的影響，均甚顯著。政府的技術官員及專家階層中，亦有不少西方訓練的現代化派學者或行爲科學者。

(五)佛學神學與宗教研究

宗教勢力在臺灣社會中一直呈現分殊化的現象。無論是政府遷臺時帶入的宗教勢力或日據時代遺留下的教會系統，在臺灣知識界均有顯著的影響。這些影響，或則透過正規的大學，或則透過教會內部的學府及研究人員予以傳遞，已建立起獨立的教育系統。

在天主教方面，以輔仁大學爲代表，包括神學院及各科系的神職人員，受到羅馬教廷的督導，同時也成爲臺灣知識界與義大利、西班牙等國聯繫的主要管道。

在基督教方面，由於支派林立，高等學府及研究單位非常眾多。在大學方面，包括東海、東吳、中原等校。在神學院方面，以長老會的臺灣神學院，玉山神學院等最爲著名，另外還有許多不受政府教育當局承認的專科及大學學府，如基督書院等。

在佛教、道教方面，臺灣各地均有佛學院或佛學研究院，自行頒授學位。其中以高雄佛光山的宗教基地最爲著名。另外中國文化大學，中華研究院也有相關的研究所。

近一、二年來政府教育政策改變，已經容許各大學正式成立宗教學院，因而今後宗教研究或佛學、神學的研究趨勢將日益重要。此外，在許多發展迅速的教派中，也有專業的研究人員作積極的宗教研究。其中包括非法的統一教（已被禁）、以及一貫道、和基督教中的校園團契（合法）等。

在客觀性的宗教研究方面，多年來即有一些人類學與社會學者進行宗教現象的研究，目前以中央研究院的民族學研究所最爲重要。

教會研究人員與官方學術的關係一向呈現歧出的現象，譬如天主教系統一直與官方保持良好關係，許多神職人員（或前神職人員）並已成爲官方學術系統的一部分。但另一方面，如基督教長老會系統則往往與異議運動發生連繫，而與官方呈現對立情勢。近年來，政府爲減輕政教對立的緊張性，已主動與各教會系統接觸溝通，使得政教分離的原則較易維持，教會研究人員在研究上的自主性也較能獲得保障。但對於某些仍處於非法地位或對立地位的教派而言，進一步的溝通與對話實爲當務之急。

㈥異議運動

異議運動在過去三十餘年間始終存在，但初期只有少數自由派的知識分子和地區性的黨外人士，較少社會性的影響。一九七〇年代以後，隨著黨外運動的擴張及中產階級的成長，異議運動無論在社會基礎、知識深度與人員數目等方面，均大有增加。尤其是從黨外刊物勃興以來，異議運動中專業的知識從業者已大幅度增加，學術訓練亦進步甚多。雖然其中大部分並不在正規的學術界中任職，但批判力卻日益成長。

目前異議運動批判的對象並不以官方學術爲惟一目標，相反的，幾乎臺灣知識界的各個學派均有知識立場上的反對者。譬如，早期異議運動中主流的自由派知識分子，在現代化派形成後，已不斷遭到秉持社會主義與民族主義立場的異議分子的攻擊。同時，抱持溫和自由派立場的異議份子，也已面臨其他異議運動者的批判。目前異議運動本身的成員及立場均極複雜。除了反主流、反官方學術（部分的反對）的共通立場外，至少包括下列各種不同的知識、社會及政治立場：自由主義、民主社會主義、批判理論、異化論、新左派、依賴理論、民族主義、本土主義、統一派、生態運動、反傳統主義、西化論及反現代化論等。因此，異議運動只是一個現象上的歸類，並不蘊涵知識上的一致立場。

觀察與反省

綜合上述六項分類，若用知識多元主義的角度觀察，可歸結出下列幾點：

㈠臺灣知識界分殊化的現象已經形成，知識間的溝通與批判也已開始，但純粹基於知識立場，和而不同、就事論事、不論人情的溝通交流，仍然少見。

㈡專業化的學術及知識刊物仍然不足。除了通俗性和教科書式的著作外，專門性的研究著作及論文也嚴重不足。無論是西方學術的介紹或檢討，多止於點的層次，全盤性的、系統性的介紹則付諸闕如。

㈢雖然知識立場紛然雜陳，但由於分工不精，專家缺乏，以及專業化訓練的不足，導致專業化的環境未能形成。通常一門知識的從業人員，都必須對該知識領域作全盤性的討論（如政治學者不但談憲法，談政治思想，甚至對國際關係乃至國際法都需要發表意見），導致某些空談、淺談、甚至誤談的現象。

㈣由於區域知識的嚴重不足，導致知識從業者在世界觀及國際知識上的殘缺不全。除了對歐美的了解較爲豐富外，當前臺灣知識界對於東南亞、南亞、東歐、蘇聯、非洲、拉丁美洲的了解均甚缺乏，甚至對於臺灣史、臺灣研究本身也不甚了了。在這方面，日本及美國學者對臺灣的研究已經超越甚遠，値得臺灣知識界急起直追。

㈤雖然官方在意識型態與知識尺度上已放寬甚多，但尺度的界定仍然不够淸晰。知識界對於尺度的存廢及尺度的寬緊也無一致的共識。尤其是異議運動與官方間的共識性更低，從多元、法治的角度看來，朝野雙方均應在現有的漸進改革基礎上，繼續加強共識的建立。

㈥在當前的學術自由的空間裏，知識從業者還有許多活動的餘地値得開拓。諸如西方社會科學中發展經驗、主導理論及經典知識的介紹、反省與發揚（如自由主義及保守主義思想的發展，當代社會福利思潮，創制、複決權的概念及執行等），中國傳統及近代的社會、文化與政治變遷，臺灣的發展經驗及第三世界發展的比較研究等，都値得知識界努力探索。在這方面，與臺灣處境相似的南韓學界已有許多可觀的研究成果（如該國的中、蘇研究及東北亞研究），値得海內外的知識分子參考，並應仔細尋求題材，努力研究。

綜上所述，從總體的角度看來，三十多年來臺灣的學術，知識發展的確已有了相當程度的進步，知識界早期的荒蕪現象也已有具體的改善，但在現有的成就基礎上，我們應該立更高的指標，以作爲未來努力的標的，這也是臺灣知識界朝向多元化的過程中，無可旁忽的重大課題。

從臺灣選舉看民主前途

感恩節（一九八三年）前後美國各地的一場風雨，爲寒冷的冬天開啟了先聲。乍暖還寒、忽幽忽明的天氣，似乎暗示著又一個寒冬的變幻難測。在遙遠的太平洋西岸，臺灣的立委選舉，也讓人感覺暗潮洶湧、詭譎多變。所幸，選舉結果雖令人震驚，選舉過程到底還相安無事。在第三世界的民主進程普遍倒退之際，中華民國的朝野各界應該對民主有更深的信心，對政治發展的前途也應寄予更堅實的信念。畢竟，民意是最後的依歸，選舉是最可靠的試金石。

激進溫和路線重臨抉擇

一九八三年的立委選舉，從結果看來，是國民黨大勝和黨外慘敗。從制衡的角度看來，未來三年的立法功能勢將式微，黨外主流派的議會經驗將無以傳遞，美麗島政團家屬連線和黨外新生代將在議會路線和激進路線間重臨抉擇。國民黨與黨外之間以及黨外與黨外之間的權力關係亦均將重行調整。但是，從政黨政治的角度看來，臺灣政治發展的考驗期可能將提早來臨，未來十年間，將是臺灣民主政治發展的關鍵階段。如果在曲曲折折的民主歷程中，國民黨與黨外能在政治器量與政治智慧上通過考驗，淸幽的民主勝景將使「臺灣經驗」成爲第三世界的奇葩。而「中國式的民主」到那時也將以其實質的內涵與可供學習的典範，爲亞、非、拉丁美洲政治發展的經驗，提供可貴的榜樣。

就此次選舉而言，首先，從執政的國民黨角度看來，它的成功可歸納於下列的因素：

其一，選罷法在促使選民冷靜的過程中扮演了積極的角色。在前一階段的私辦政見會過程中，選民的政治意識被激烈的言論挑起，但在後一階段的公辦政見會中，情緒逐漸冷淡，對國民黨候選人轉趨有利。

其二，國民黨的基層組織工作收到具體的效果，在中壢事件與高雄事件後，臺灣省與臺北、高雄兩市的黨部努力於地方基層工作。在黨員吸納、社區服務與黨政協調等方面，都以實際的服務取代衙門式的官僚形象。使得國民黨做爲一個威權型革命政黨的色彩漸形淡化，而溫和的民主色彩也逐日彰顯。

策略運用彰顯民主色彩

其三，國民黨採取彈性的提名政策，兼顧候選人的財源、家世、社會知識背景和羣眾基礎。以臺北市爲例，在黨外候選人勢力強大的地區，國民黨以政治色彩較淡的宗教型（指南宮的高忠信）與民俗型（楊麗花的丈夫洪文棟）的候選人，化解黨外的羣眾力量。此種降低政治主張上尖銳衝突的作法，不僅有助於選票的穩定性，也使選戰的層次不至於昇高至太過激烈化。臺北市黨外陣營的慘敗，與此點實不無關係。

其四，國民黨的公正、清新形象逐漸強化。在此次選舉中，雖然賄選傳聞仍然時有發生，但對於「做票」等非法行爲則絕少風聞。這證明選舉執法者的公正性已日漸獲得肯定。另一方面，國民黨近年來的一些改革措施也收到具體的成效。重實務的技術官員爲臺灣地區進步成長所做的貢獻，已獲得基本的承認。在候選人當中，國民黨所提名的少數知識分子候選人，在學識、風度上的表現，也有助於維繫國民黨的清新形象。

其五，黨外的內鬨，對國民黨的超高當選率提供直接的助益。在此次選舉中，國民黨的總獲票率約爲百分之七十三，但實際當選率卻高達百分之八十七，除了組織戰運用得宜外，黨外參選人士過多，分散票源，實爲主因。

黨外派系鬥爭自毀長城

從上述幾方面看來，國民黨的選舉經驗、決策系統與社會資源均非同小可。這不僅表現在選舉成效上，而且從實證角度觀察，在臺灣社會各階層中亦莫不如此。相對的，黨外做爲一個競爭的對手，無論在人力、資源與動員羣眾各方面，都相差太遠。這固然有其歷史與現實的原因，不應太過奢求。但從此次選前的派系爭鬥與選舉策略看來，黨外需努力改善之處實多。

首先，從民主素養與民主人格兩方面觀察，黨外從政者顯然尚未臻穩健成熟之境。如果從全球的政治發展經驗上做粗略的比較，黨外應該肯定民主改革是臺灣唯一的生存與進步之道。任何革命暴力的途徑，不僅無助於臺灣民主的成長，甚且將使臺灣現有的進步果實喪失殆盡。因此，黨外人士在現階段應該從議會問政經驗上著手，逐步學習扮演制衡者的角色與功能，才能從批評時政、教育選民、改善組織等方向，建立其羣眾力量。相反的，如果一味只知爭領導，立山頭，非但不足以顯示民主形象，更將使微弱的黨外基礎山崩瓦解。

廟堂問政促進民主改革

其次，從選舉策略上看來，黨外從政者中，許多仍停留在情緒性的報復階段，卻無力將自己提昇到一個理性的、忠誠的反對者的層次，美麗島家屬連線成員的當選，除了顯現對執政者的抗議精神外，對黨外運動的已有民主進程，並無太多幫助。今後的三年裏，黨外女將在立法院內的問政角色，或許將逐步成熟，但與昔日主流派的廟堂質詢風采相較，恐將遜色多矣。（凡是對民主有信心的人都不難想像，對美國民主的維繫與成長，比較能提出貢獻的，恐怕還是廟堂內的那些大法官和議員們，卻不是那些反對體制的暴力激進組織如「黑豹黨」、「氣象人」等。）事實上，民主是一個學步的過程，問政經驗是成長的主要憑藉。黨外的「批康」運動，除了山頭主義作祟外，也包含著對民主的誤解。民主不是解放，不是打倒一切權威，相反的，只有建立自己的民意基礎和權威形象，才能擴大與盟，也才是爭取選民的有效之道。某些黨外從政者一意打擊溫和派領袖，挑激起仇恨意識的做法，不僅無助於選票的維持，而且只是自毀長城罷了。

黨外的失敗因素自然不止上述犖犖大端。但從黨外目前的情勢看來，新生代與激進派人士是否會從這次選舉中吸取教訓，實不無疑問。面對選舉結果，他們很可能認爲黨外的失敗是因溫和派的「執迷不悟」而造成的，而且選票結果說明溫和派已經遭到選民的「唾棄」，因此激烈路線顯然較合實用。但是，如果這種想法竟然成爲明日黨外的主流，對於今後臺灣政局的發展，顯然會造成許多不利的影響。

黨內外應建立基本共識

對於國民黨而言，做爲一個革命民主政黨，歷史的責任與黨組織的特性是必須兼顧的。在未來十年內，領導人的接班問題、國會全面改選的問題及黨內外的協調等問題將成爲內政上的重大題旨。由於臺灣的特殊國際地位與經濟處境，任何外在環境的巨大變動都可能影響到內政的改革。因而，建立黨內外的基本共識實爲促進民主穩定成長的基本條件。黨外必須從事實上肯定，國民黨的基礎與資源是龐大而穩定的，黨外所能扮演的，應該是批評與制衡的功能，卻不太可能成爲一個成功的體制外的挑戰者。如果用國際的經驗做例證，黨外目前發展的最大可能，是成爲類似日本自民黨獨大體制上的在野者，卻不可能是美國兩大黨中的一員。而且，從當前黨外的意識型態發展趨向看來，日後黨外很可能會發展出幾個基本政見相異的政治團體。因而，在一個獨大黨配合數小黨（或政團）的體制下，任何一個想推翻旣成體制的政治人物或團體，都難免遭到法律的與政治的制裁。如果黨外中有人想一而再的就此點提出挑戰，則非但犧牲無益，而且更會爲民主的發展帶來根本的危機。事實證明，南韓「光州事件」的爆發，並未在政治的現實上帶來眞正的進步的成果，相反的，卻只是讓「朴全模式」藉機繼續發展罷了。臺灣民主的成長是中華民國朝野共同努力的結果，任何極端的作法，都會對這項成果造成負面的影響。「臺灣經驗」的特殊性與可貴性，於此可以見之。

道路多阻曲徑可以通幽

民主的發展是一個曲折的歷程。一次選舉的成敗往往是一個轉捩點。但有時疑似無路，卻蘊藏轉機；有時看似寬廣，卻道途多艱。這次選舉過後，黨外又開始了一個新的局面。眼前無路或曲徑通幽，究竟臨歧抉擇，何所適從，唯望袞袞諸公，愼乎愼乎。

「臺北看世界」的格局

——從雷根中國大陸之行談起

美國總統雷根的中國大陸之旅已經結束，即使學術界及輿論界都肯定此次訪問不會有任何突破性的進展，但它所象徵的意義以及對我國政府的負面影響卻是不言可喻的。雖然保守派的議員和刊物如「保守文摘」都對雷根發出忠言警告，切勿傷害我國政府及人民的利益，但無論如何，這項訪問本身就已構成一項傷害了。

在雷根訪問中國大陸的前夕，保守派參議員高華德訪問了臺北，臺北新聞界已大事報導，我們也相信雷根政府安排是項「平衡性」訪問是有其實質意義的。但此處卻必須指出，臺北輿論界如果對美國保守派政治家仍寄以厚望的話，那就未免太一廂情願了。事實的情況是，堅決反共的保守人士，事實上往往只是外交上堅決的反蘇人士，在反蘇和維持戰略平衡或戰略優勢的前提下，聯絡中共，犧牲臺灣，乃無可避免。十二年前，以反共保守著稱的前總統尼克森訪問北平，對我國外交造成嚴厲的打擊，四年前，同樣以保守、反共著稱的雷根上臺後，臺北也對他在選前支持臺灣的承諾抱以奢望。但這幾年的發展證明，雷根在移轉科技設備給中共及縮減對臺灣軍售上的讓步程度，是連許多自由派立場的總統也做不出的。現在，為了擺出大選前的外交姿態，同時也為了和緩反共好戰的堅硬形象，雷根以中國大陸之旅做為他第一次訪問共黨國家的目的地。這除了顯示他的一貫反蘇立場外，也間接暗示他在對臺態度上的退縮。四年前，雷根公然聲稱將恢復對我國的外交關係，四年之後，卻以中國大陸之行來表示他的「友好」。對於一位七旬高齡的總統，竟然會在短短的四年之間有這樣大的政策轉變，足以證明個人意識型態立場和職位上的決策態度之間，是存在著相當距離的。這同時也證明了美國的外交決策是受既成的潮流所推動的，對某一個「個人」寄以過多的期望，最後往往要失望的。

多年以來，由於臺北輿論界與外交界始終無法突破「從臺北心態看世界」的格局，往往將眼界停留在保守派身上，凡是對我國同情、友好的政界人士，就極力拉攏，反之則不是指為「自由派」或「左派同路人」，就是拉開距離，主動與其疏遠。此一局面，近年來雖已有改善，外交當局及駐美單位近年來在聯絡自由派人士等方面漸著成效值得稱道。但從國內的宣傳、僑務和對外政策等方面看來，這種「從臺北心態看世界」的局限，顯然尚未完全擺脫。結果是，對於揭櫫自由、民主與人權立場的自由派人士及其言論，多持排拒的立場，對於關心臺灣但對臺灣抱批評立場的政界人士，多持懷疑態度，深恐其受「臺獨」左右；同時，又將主要希望寄託在反蘇、反共的保守派身上，甚至以爲少數親臺友人的個人力量，足以扭轉頹局。

這種以中國傳統上對「人治」與個人能力抱持奢望的態度，置諸美國的政治環境中，立卽顯示了它的局限。任何了解美國外交決策理論的人都知道，「組織——官僚」結構及其周圍的民意代表力量，才是外交決策的主要依據。任何以中國政治上決策行爲看問題的人，最後都會發現，以領導者個人爲主導的決策模式來解釋（或想像）美國的決策問題，有其嚴重的限制。將希望寄託在少數個人身上的做法，甚至誤以爲領導者個人可能以其特有的人格及意識型態力量，扭轉外交決策的方向；這些類似的想法，證諸過去我國外交上的許多失利案例，已證明是錯誤的。

「以臺北心態看世界」的格局，如果用臺北輿論界所通用的幾句辭彙，立卽就可點明了。這些辭句包括：「德不孤，必有鄰」，「風雨故人來」，「漢賊不兩立」，「爲國家尊嚴不惜壯士斷腕」，「國格高於一切」，「世界反共之中心」，「全球反共之堡壘（或燈塔）」，「世界安危之中心在亞洲，亞洲安危之中心在中國，中國安危之中心在臺灣海峽」等等，這些辭彙都有其部份的實質意義，但其中也夾雜許多意識型態的幻想，在做爲宣傳語使用時，固有其功用，但若做過度的衍伸，則勢必形成外交決策上的窒礙。由最近中韓籃賽事件上，我們就可以看出類似的心態，已經爲外交當局的決策構成了甚大的阻撓。同樣的，如果堅持這種心態，在未來中美關係的演變上，也勢必造成更多的障礙，最後，則可能是情緒化的咀咒雷根，像當年指責尼克森、卡特等一樣，情緒雖已發洩，但吃虧的卻還是自己。

在美國大選前夕，我們希望反共產、愛自由、愛護中華民國的人士，嘗試以美國——而非臺北的外交決策心態來看問題。在支持保守派和共和黨的同時，也應努力接觸與支持自由派和民主黨，積極的以財力、物力和精神投入孟代爾、哈特或賈克遜的支援陣營，使他們關心臺灣，提出臺灣的福祉問題，換言之，應積極的使臺灣的福祉成爲兩黨侯選人爭論的議題與焦點。唯有讓左右各派的侯選人關心臺灣，考慮中華民國的實質利益，臺灣才能免於成爲保守派反蘇棋盤上的犧牲品，在這樣的努力下，我國政府對雷根個人的期望才會具有美國選民的支持基礎，臺灣的前途也才能成爲美國選民關心的議題所在。唯有如此，雷根中國大陸之行的可能傷害，也才會減低至最小的程度了。

監察權的式微及改進之道

民國七十二年的監察院總檢討會在十二月八日舉行。許多職司風憲的老監委對監察權式微所發的警語，使我們深感五權之治在當前所面臨的危機。監察權的衰頹不僅代表著制度與人事上的困境，同時還顯示了代議功能的嚴重隱憂。它所牽涉的，不僅是五權之間制衡與合作關係的缺憾，而且還包括了今後法統延續性的問題。

劉延濤等委員的自我檢討，顯示了問題的嚴重性。劉委員沉痛的指出（根據中國時報的報導），在五權體制中，監察權已經算不上是一種權了，在監察院所掌有的主要職權：彈劾、糾舉、糾正及調查四者中，彈劾因需送交公懲會審理，近年已有逐漸減低與減少懲處範圍的趨勢。糾舉權則因由人事行政體制上自行處理，事實上監察院根本不必管了。而行使糾正權時，監委若邀請行政首長到院報告，又往往會與立法院發生職權上的衝突。至於調查權則因調查局、法院、警察機關亦獨立行使調查權，因而無法顯示監察權的特色來。

劉委員的一席話不僅顯示今天在少數監委身上猶承襲未已的御史精神，同時也的確說明了監察權制度的嚴重缺失，但是關於前者，由於監委逐年的老成凋謝，今後的新陳代謝問題將益形嚴重。至於後者，則不僅牽涉到五權之間功能的分野，同時還顯示當前整個行政權體制擴張的問題。簡而言之，監察權的問題必須從人事與制度兩方面做深入的檢討。

在人事問題方面，在當前的三個中央級的代議機關監察院、立法院與國民大會中，監委的平均年齡居首，新陳代謝問題也最爲嚴重。由於監委係由地方議會間接選舉，同時在職權上還具備職司糾彈等準司法功能，因而法學素養及議政經驗十分重要。而在近年新選的監委中，「金牛」級人物又佔大多數，使得獨立行使監察權的能力受到嚴重考驗。如果今後朝野雙方不在人事的遞補上多做長遠考慮，監察權的衰頽將益形嚴重。

其次，在監察院職員的協查問題上，也需多做檢討。眾所周知，在歐美各民主國家的議會中，國會幕僚及議員助理往往扮演重要的角色，其學養、經驗一般均在水準之上。使得代表民意的議員們在進入議會後，就能立卽獲得專業人員的協助，發揮其應有的代議功能。但是當前監察院有七十三人，而負有協查的職員人數卻只有三十人，再扣除其中一部份負有行政責任，一部份年齡太大或能力不足，實際能負責任的人數就更少了。在這樣的情況下，監察權的效率自然要大打折扣。因此，建立獨立的監察院行政體制，大力增加員額與強化專業水準，應該是當前立卽著手的課題。不僅監察院本身應努力促成此一標的的實現，執政黨中央亦應提一助力。

至於在監察權的制度層面上，行政權的擴張與監察權的萎縮實爲一體之兩面。按孫中山先生五權制度的理想，監察權的行使在彌補行政權內部監察系統的不足，同時也在防止立法院（議會）職權的過分濫用，造成議會專政，隨時倒閣的局面，影響到政治制度的安定性。因而獨立的監察權一方面旨在強化行政改革，對違法失職人員行糾彈之職，達成民意監督的功能。另一方面則會因風紀的維持、行政效能的提高，因而促成行政體制的穩定性。從原始的制度精神看來，孫中山先生的眼光無寧是高遠而深邃的。但是由於動員戡亂時期行政權的擴張，使得監察權的行使受到了根本的影響。再加上政黨內部的運作，由於行政官員對自身顏面的顧慮，使得監委職權的運作受到進一步的限制。近年來，由於委員的老成凋謝，此一問題益形惡化，乃有監察權淪喪的沈痛反省。無論從原始的制度精神或實際的職權運作兩方面看來，這都絕非無的放矢。而究極的改革之道，則只有訴諸行政權的自我約制。這當然也非易事，但如果行政權不從監察權設計上的原始精神上作反省，卽肯定監察權對行政體制的制衡功能，不僅有助於風憲的維繫，而且對行政績效有實質的助益，則監察權的發揮，就不只是單純的約束性角色了。

監察權的改革，或許只是當前政治體制改革中的一小面，但它所顯示的改革決心與改革效果，卻絕不可輕易忽視，依筆者管見，今後的改進之道，似可從下列各方面著手。

第一、爲今後之監委人數設立定額，今後每屆增補選時均補足此一定額。基於對現有之監委員額與審理案件之數額（約七千件）的考慮，筆者建議以不超過七十人爲度。

第二、設立彈性的監察行政人員與諮詢人員體制。除一部份例行性行政人員，由考試院定期招考外，另增加七十位至一百位聘僱之諮詢人員。諮詢人員之資格應限定爲國內外大學法律及社會科學研究所碩士以上學位，或具有相關學科之研究著作，經考試院銓試通過者任之。諮詢人員於職前需經短期之培訓。資深監委與有關之法學專家得參與此一培訓工作。另外，每一監委得推薦一名諮詢人員，經銓試合格後聘僱之，其任期則隨監委任期變動。

第三、立法嚴格規定監委之專職性角色。凡新選出之監委在半年內無法擔任查案工作者，得辭現職，由原選單位重新選舉遞補之。以保障監察功能之推行。

上列各端，雖然一時之間不易實現，但因其並不牽涉到憲法層次的修改問題，亦不涉及監委應直接普選或間接選舉等重大體制性問題，故較能從現實的基礎上做較大的改革。然此議可行與否，仍待朝野各界的深入討論與研究，惟鑑於監察功能衰頽的嚴重性，改革實不宜遲。望國內先進，早日推動行之。

日本經驗與自由中國的行政改革

臺北出版的一九八四年七月號「天下月刊」，刊載了一篇長文，訪問柏克萊加州大學政治系教授詹鶽。詹氏是兼通中、日兩國政治的名學者，同時也是著名的國際共黨及革命理論專家。他早期致力於中共農民革命研究，後來又對共黨政權變遷作了深入的分析，近期又對日本通產省文官體系深入研究，都曾引起美國及國際學界的注目。近年來，由於日本經驗的啟示，研究日本的風潮在太平洋兩岸及西歐都吸引了許多學者的注意，甚至政府官員及企業家均紛紛參與。個人以爲此一風潮對自由中國臺灣甚具啟發意義，値得提出討論。

詹氏在這次訪問中指出，用文化差異來解釋日本的成功經驗是不够的，因爲文化差異只是解釋上的最後擋箭牌，其實際的意義就是不知道眞正的答案爲何，才用文化因素做解釋。事實上，日本經驗並不是百分之百的成功與無所失誤的，日本文化也不是無所限制的。但可貴的是日本能在不斷的試驗中改變自己。例如「財閥」本是有負面意義的字眼，但是在日本長期發展的結果，財閥卻擔負了相當重要的集中資本功能，使企業可以憑藉風險較低的投資來爲較爲冒險的投資護航。（譬如「三菱」就以投資礦業來爲投資汽車工業護航）。但是，以日本爲借鑑的時候，全盤抄襲卻是不必要也不可能的。例如南韓的財閥就不像日本一樣，擁有自己的銀行。其結果卻是避免了日本那種財力過份集中的現象。至於臺灣方面，則由於政策與意識型態的功能，使得大企業的規模受到了限制，因而相對於日本、南韓，臺灣的資本密集的幅度較小，而均富的理想也較易實現。因之，政府所扮演的主導功能，益形重要。

在詹氏的名著「通產省與日本奇蹟」一書中，也曾就政府角色多所肯定。他指出，日本成功的因素除了終身僱用制、年資敍薪和企業間的聯手合作等三要項之外，還包括通產省的文官體系。這批素質極爲優良的政府文官，出身於全國最著名大學的法商科；他們都以第一志願進入政府，在各經濟門中任職，而且擁有很重要的決策權。通常一名官員最具創造力的時期，就是擔任助理科長的階段。幾乎政府經濟、商務的重大決策都出自這批文官之手，再由上層的資深官員決定贊同其決定與否。詹氏認爲，這種由下而上的決策方式，顯示了行政民主的效能，同時也眞正達到了羣策羣力的效果，此處值得強調的是，通產省施政的主要著眼點是「效果」（effectiveness）而非「效率」（efficiency），也就是以達成目標與否爲標準。舉例來說，日本政府以提高農產品價格的方式來保護農民，雖然這並不符市場經濟的「效率」原則，但卻使日本民生必需的食糧不必受制於外國，因而合乎了「效果」的原則。此外，日本政府與商人寧願以降低利潤、提高服務品質的非效率做法來爭取國際市場，也顯現了重長期效果而非短期效率的深刻意義。

對於中國人而言，日本人的重團結、擅模仿都不是容易學習的。但是日本在模仿他人之餘，發展出獨特的制度成就及團隊精神，卻不得不令人佩服。就臺灣的文官體制而言，就始終難以做到由下而上的行政民主化的要求，主管人員往往不是畏懼大權旁落以致事必躬親；就是分層負責不徹底造成行政效能不彰。至於，官員中的貪墨現象，雖然比起許多東南亞國家為輕，但與日本、新加坡比較起來，卻還有一段長遠的距離。這一方面係日本文官的素質、社會地位及榮譽感所致，但另一方面，也與官員的收入是否足以養廉有關。近年來學界人士與政府當局已大聲疾呼，應積極調整中上層官員的薪資所得以及調高公務人員的待遇差幅（目前最高與最低差距僅有四倍，而新加坡等國則高達三十倍），另外，輿論界也指出，公務人員的陞遷機會以及有關退休年齡的規定，也應列為改革要件。在日本，公務人員到達五十五歲就已退休，退休後再進入企業界擔任顧問職務，以貢獻所長。不僅文官對自己的日後出路感到樂觀，也使得文官年輕化的理想成為事實。反之，在臺灣的行政體制下，根據一九八三年統計，公務員（共十五萬人）中超過五十歲卻佔了百分之三十，各行政機關的文官級主管（局、處、司長）平均年齡更高達五十九歲；至於公務員的陞遷，由於多憑藉人事關係，更導致人事管道的嚴重阻滯。根據人事行政局的統計，公務員中任同一職務超過五年以上者佔一半，十年以上佔四分之一，在這樣的情況下，自然是不易留住人才了。另外，資料顯示在臺灣五年以下和二十五年以上資歷的公務員，居然佔了文官總額的百分之六十，這正說明了文官體制的嚴重病癥，也顯現中日兩個東亞國家在政府成效上的重大差異。

當然，文官體制和行政改革，只是臺灣面對未來的重要挑戰之一，但就國府標榜的「大有爲政府」或稱「萬能政府」的傳統看來，政府機能無疑還要在國家發展上扮演著舉足輕重的角色。如果我們肯定詹氏所說，日本的成功除了傳統、制度與文化等原因外，主要是依靠著健全的文官體系的話，那麼臺灣未來發展上最重要的關鍵，可能就是效率與效果具顯不足，而且又普徧呈現老大與僵化現象的文官體制了。在臺灣朝野仍將爭論焦點放在政治體制改革的今天，我們希望各方都能多分出一些精力，系統化的探討這個日益明顯的行政問題。畢竟，行政體制所造成的實際影響，可以比政治意識型態或國策等問題更爲具體，而且可能還會阻礙下一階段國家發展的潛力。這是所有關心國家發展的人士所應密切關注的。

國事靜思

——從比較觀點看中華民國的發展

民國三十四年，對日抗戰在浴血中結束。數千萬中國軍民的鮮血換來了正義的勝利，將處於殖民地卑微處境的臺灣同胞帶回了中國懷抱，也爲中國史寫下了一頁新的契機與希望。

民國三十八年，國共內戰告急，兩、三百萬愛好自由的中國軍民東渡臺灣，在西望故國、痛定思痛的生聚教訓中，爲臺灣日後的繁榮奠定了穩固的基石。在歷經艱困與試煉的世代裏，臺灣確已成爲開發中國家的典範，也爲中國的民主、自由與福祉，逐漸建立起近代史上少見的可觀成果。

民國七十四年，神州陸沈後的第三十六年，也是抗戰結束、臺灣光復後的第四十年，中華民國的發展成就中卻出現了隱憂，一連串的內政、外交與財經事件的發生，使得人們不免質疑：究竟在過去幾十年的努力與建設中，我們忽略了那些事？走錯了那些路？該如何面對這些問題？並如何尋求解決？尤其是面對海峽彼岸的共產黨，應該怎樣迎接挑戰、戰勝敵人？方能使中華民國自由民主的光芒，在兩岸的對抗與競賽中，繼續照亮閃耀，也爲大陸十億同胞指引出一條希望之途。

在維護民主、自由與福祉的前提下，同時也基於民族正義，國際合作與世界和平的共同原則，本文以臺灣的發展經驗爲本，並比較國際間的發展模式，試圖用沈靜的深思與理性的分析，爲中華民國未來的發展道路，以及對全中國所可能產生的影響，提出一己之見。基於題旨，現從下列四大方向分論之。

一、三民主義統一中國與海峽兩岸的競爭

在中共當前統戰策略的運用下，中國統一問題已不免蒙上了一層陰影。在海外，有時統一甚至被曲解成「愛國主義」的表現。但是中共所提的「愛國主義」，事實上只對中國共產黨體制的認同，卻與對歷史與文化效忠的民族主義無必然關涉。在上述的扭曲下，統一問題難免就淪爲統戰的口號了。基於此，中華民國政府過去一貫對中共的拒斥態度，自然是可以理解，而且也是必要的。

但是，今後在面對共產黨的挑戰中，中華民國當局應該採取更積極有效的方法予以反擊。並應基於民族福祉與國族發展的立場，秉持三民主義的民族主義精神，堅持只有一國中國的立場，

向國際正式宣告，中華民國政府樂見國家統一及早完成，但在臺灣海峽兩岸對抗的事實與前提下，中共當局若欲眞誠達成國家統一，首先必須肯定中華民國的存在。同時，爲了國家與人民的長期福祉，海峽兩岸應以實際的建設結果，決定日後統一的方向。雙方應以一定時限（二十年至四十年）爲期，彼此競爭。在此期間，應釐訂公平客觀的指標（如公平有效的競爭性選擇、平均國民所得、社會福利指數、平均國民教育年限、識字率等），做爲標準。並由國際組織（如聯合國）組成監督、裁判單位，定期公布競賽的進度與結果。在此過程中，雙方應允諾互不動武，中華民國政府並得以獨立自主的身分，參與國際組織及國際社會的各項活動。換言之，中華民國政府相信在公平、公正與對等的基礎上，國家統一必將早日完成，但其前提則爲：第一、中共必須了解，絕非其所謂之地方政府，中華民國擁有獨立的國際法地位，中共必須承認此一事實。第二、海峽兩岸應維持中、長期的和平競賽的局面，必須以實際的建設成就做爲競賽指標，並訴諸國際社會與中國人民的公決。

基於上述的立場聲明，中華民國政府必須在國際社會中建立起更開明的形象，同時也將對中共統戰發生反制的功能。如果中共接納上述原則，中華民國朝野繼續致力於國家建設，以確保競賽過程中持續的優勢地位。如果中共不接納這些原則，非但其和平統一的虛象將歸於幻滅，同時也不啻告示國際社會與大陸同胞，中共對自己未來的發展並無信心，也不敢與臺灣和平競賽，則中共當權派目前信誓旦旦的保證，亦將爲之湮滅矣！

上述強調海峽兩岸競賽的聲明，實基於對三民主義建設中國的信心，同時也眞正符合中國人民的需求。這種尊重國家主權與全民意願的政策，非但不會使國際社會誤解中華民國政府已屈從於中共的統戰，反之，將使世人了解，中華民國政府並非如同中共一般，係基於政權利害關係看待統一問題；而是本於對全民福祉與國家長程發展考慮的立場，向歷史負責，向全民負責，以及向全體中國人的未來負責。

根據上述和平競賽的前提，以及將「三民主義統一中國」的信念，茲就國家建設的各個層面，提出中長程發展問題的探討，這些建設要項即競賽指標的內涵所在，也是臺灣今後發展的重要課題。

二、五權憲法的貫徹與政黨體系的發展

中華民國實施憲政已近四十年，但無可諱言，五權憲法的理想至今尙未實踐。在海峽兩岸對峙與競賽的處境下，政府當局應基於對民主的信心與對三民主義的信念，肯定五權憲法應可在臺灣實現。一方面，競爭的政黨體系將逐步形成。另一方面，五權分工的憲政體制亦應發揮其最大功能。就前者而論，政黨法與「省縣自治通則」的制訂必須及早進行，並切實實施。除了公然否定憲政體制者外，一般合法公民均應充分賦予組黨結社的自由，並允許參與公平之選舉，以利競爭性政黨體系的形成，使民主的發展建立起穩定的基礎。至於後者，五權分立的理想——萬能政

府須及早實現，尤其是行政權以外四權的均衡發展，恢復其在憲法中所賦與的功能，尤爲建設之要項。同時再須擴大立、監委的增、補選名額，縮減國會議員總額，以期反映當前的民意結構，並收精簡之效。如此，則在未來的國家建設中，民權主義的實踐果實才能眞正彰顯。

再就政黨體系與政治發展比較，中華民國政府應有充分的信心，肯定民權主義必然實現充分的民主政體。事實上，民權主義的諸多主張合乎當代需要。舉例言之，創制、複決二權。雖未在臺灣實施，卻已爲歐西各先進民主國家所採行，而獨立的考試制度亦然。另外，孫中山先生在民國初年所肯定的政黨政治，自由世界中也早有實踐基礎。

依據各國的發展經驗，不同的政黨體制適合於不同的國情環境，一般而言，兩黨制有利於政治穩定，但在意識型態趨於兩極化的國家，卻不易持之以恆（如抗戰後短期的國共和平共處瞬即失敗）。多黨制適合於意識型態與利益集團分歧的社會，但也易導致政黨間不斷交迭執政，政策不易貫徹，而形成黨爭與政局不穩（如二次戰後的某些西歐國家）。以當前臺灣的政治環境而論，則以日本式的「一黨獨大」制較利於今後的政治發展，亦即在一大黨的領導執政下，各在野黨派提出各種不同的政見，以供執政者參考。一方面，這將補充執政黨內部代表性與制衡力量的不足。另一方面，由一個全民型的大黨領導執政，亦可保障政局的安定，使政治制度化與政治發展兩層面齊頭並進。且以當前臺灣無黨籍人士在選舉中所獲得的總選票（約百分之三十），以及各無黨籍派系間已走上分化之路等事實看來，將來政黨法制定後，在野勢力中將發展成不同意識型態與利益導向的政黨團體：如西歐的社會民主政黨，類似西歐基民黨與日本公明黨的宗教型政黨，主張農、漁民福利及職業利益的政黨，以及強調單一政策——如生態保護的個別政策型政黨等。由於當前意識型態與政治利益的分歧，這些在野政黨間頗難結成聯盟，團結爲統一的第二大黨。因此可見的將來，政黨法實施後，臺灣的政黨體系將不易成爲美式的兩黨制或西歐的多黨制，如著名政治學者沙托里（G. Sartori）在「政黨與政黨體系」一書中所分析的，逐漸從目前的「一黨獨任」（Hegemonic Party）走向日本式的「一黨獨大體系」（Predominant Party System）。從比較政治的角度看來，這種體制不但與中蘇共的「一黨專政」（One Party Dictatorship）迥然有異，而且由於五權體制在內涵上與日本式民主的分野，勢將使臺灣由於本身的獨特性質與民主性格，成爲亞洲的一顆明珠。屆時，一個眞正的中國式民主體制也將展現其具體特色，它與中共極權體制的明暗對比，更將爲舉世所共見。

三、民生主義與經濟改革

筆者在此處就外貿市場，財經行政與意識型態等因素逐項分析，同時也將北歐經濟學派與民生主義的關係做一簡要對比，以收他山之石的效果。

首先，在臺灣以外貿爲導向的經濟體制中，國際市場的影響無遠弗屆。過去的外貿對象是美、日二國及香港地區，但隨著外貿設限與保護主義的抬頭，加上香港局勢的演變，今後經濟改革的重要動向之一，卽在開闢新的市場，尤其是近鄰東南亞各國、西歐及第三世界地區。以一九八一年爲例，臺灣對新加坡的進出口額分別僅佔總額的〇·九四%及二%，對馬來西亞亦僅佔二·一三%及〇·八三，（同一期間對香港則分別高達一〇·五%及八·四%）。因此，拓展東南亞市場實應爲外貿政策的重點。此外，對於近年來開放的東歐市場和西歐共同市場各國，也應排除政治歧異與外貿設限等困難，亟力爭取。

在拓展市場、加強外貿能力之外，提高生產技術水準、加強科技人才培育、改善投資環境、鼓勵投資生產意願及改善經濟行政效能等，均爲經濟發展上的重大課題。其中尤以改革經濟行政，提高效能爲最重要，也最不易解決。根據一九八三年的政府統計資料，臺灣的十五萬名公務員中，年齡超過五十歲者佔了三〇%，而各行政機關的高級文官主管（局、處、司長等），平均年齡更高達五十九歲，另外公務員年齡分佈上有兩極化趨勢，亦卽以三十歲以下和五十歲以上者居大多數，顯示人事昇遷管道上的阻滯現象，並造成青壯年人才的外流趨勢。若與近鄰日本相比，上述的情況立卽顯示其嚴重性。首先，日本各重要財經機構吸收了名校畢業的菁英（如通產省卽是），他們經過一定時期的嚴格培養，以及不斷進行職務間調動，使得優秀的公務員經過各種磨練，得以肩負實權。根據美國加州大學政治學者詹鶽（Chalmers Johnson）的分析，日本的財經機構中，最重要的決策階層是年輕的助理科長這一級，說明了青壯年文官在行政體制中的重要性，也顯示了分層負責、充分授權的成績。

反觀中華民國的財經行政體制，卻存在著許多弊端。一方面，最近的十信事件及各種災變，顯示了嚴重的官僚主義現象，無論是官官相護或官商勾結，其缺乏應變能力與分層負責的效能，不容再加隱諱。另一方面，中高級公務員待遇普遍偏低，昇遷倚賴人事背景與走後門，也造成優秀人才的不滿，流失到私人機構或海外。解決上述困境的有效之道：一、建立文官職位任期制，規定凡任同一職位或職務滿五年以上者，應擇優昇遷或調整職位，以增加工作意願並培養多方面的經驗。二、應打破平頭主義的窠臼，擴大公務員的待遇差幅。目前最高與最低的公務員待遇差距約爲四倍（新加坡爲三十倍），今後應逐步調整，至少應有八至十倍的差幅。三、加強施政機關研究、考核部門的職權，並容許監察及立法機關獨立行使其法定職權，凡遇瀆職、濫權行爲，應不容人情關說，或假維繫政府形象之名行官官相護之實，造成只拍蒼蠅不打老虎的畸型現象。當然，上述三方面的改革牽涉殊廣，但只要政府強調改革誠意與決心，相信實現的一天會儘早到來。

在經濟政策的意識型態方面，民生主義的基本原則應該肯定，但某些政策在實施上應做調整。許多長期虧累及公營適用原則已變遷的事業單位，應考慮開放民營。除國防及重大建設外，政府宜縮減公營事業的範圍，減少國家干涉，增進市場競爭，以提高經濟效能。舉例來說，石油銷售（加油站）及高速公路客運運輸，都無需政府及公營單位完全操勞，此非但無補於市場競爭及經濟效應，反形成與民爭利的現象，政府功能亦因而失之龐雜。

但是，政府功能在另一些領域裏卻應擴充，尤其在工業升段、技術提高的前提下，政府應擴大各研究機構的職權與功能，鼓勵民間企業增加科研經費，並改善其設備規模。目前各工業化國家的科研經費總額佔國民所得二%左右，以美國爲例，科研經費比例在政府預算中高達一五%到二〇%之間，而一九八一年中華民國政府預算中同項所佔的比例卻僅約及一%（國防研究經費未公佈，故不列入）。鑑於當前國家經濟發展的條件及民間企業的規模，我們建議不妨參考瑞典的先例，規定短期研究發展工作由民間企業擔任，長期與基本研究則由公營及政府單位負責，並由行政院國科會規劃、協調。此外，政府也可協調各民間廠商組織集體性的研究機構，規定採取會員制度，凡加入爲會員之廠商，共同分擔研究經費與設備，其研究成果則對各會員開放，並受專利權之保障，使經濟更能穩定成長。

根據以上分析，民生主義所強調的國家職能仍應受到肯定，而改良式資本主義的市場原則也應顧及，爲了增加思索問題的參考，此處介紹北歐斯德哥爾摩學派的基本經濟主張，以彰顯民生主義的時代意義，兼顧實踐程序上的選擇彈性。

斯德哥爾摩學派與民生主義原則最接近之處，是強調社會福利與正義，肯定由國家機能來調節經濟運作的必要。此外，瑞典及臺灣亦有基本相類之處：第一、兩者均係高度倚賴國際市場，以外貿爲導向的經濟體制。第二、就人口及現階段國家規模而論，兩者亦均爲中等規模，中華民國臺灣地區人口爲一千九百萬，瑞典則爲八百三十萬，在國際屬於相近的類型。

依據斯德哥爾摩學派的分析，在高度倚賴外貿的經濟體制中，由於與國際市場的密切關係，造成結構性的通貨膨脹，此點並不容易由本國政府主動控制，因此政府往往只有另謀他途，以充分就業來穩定社會與經濟秩序。在這方面，斯德哥爾摩學派學者（如 A. Lindbeck）反對美國資本主義學者——尤其是貨幣學派的觀點，認爲貨幣學派以控制貨幣供應增加率卽可制止通貨膨脹的論斷，並不足以解決高度倚賴外貿的中小型國家的問題。他們也指出，在國際市場波動所造成的結構性通貨膨脹影響下，政府唯有經由各種人力政策，包括舉辦公共工程、增加就業機會、著重勞動力再訓練、增加職業流動率、以及提前退休年齡、改善社會福利等措施，方能解決充分就業問題，並緩和經濟與社會壓力。在上述的前提下，他們認爲國家機能的介入經濟事務乃爲必要，在某些重要產業中實行國有化措施也屬必須。此外，政府應在福利政策上扮演積極的角色，並實施收入再分配政策（包括累進稅制、高所得稅率等），以促進社會平等。但有鑑於國有化容易導致專權與官僚主義，必須藉用市場經濟的運作，加強公民營企業間的競爭，才能保持經濟效能與企業活力，其前提是這些措施必須倚賴政治上的高度民主。因此他們強調國家機能、社會福利與政治民主三者間的密切關係。這些觀點自比美國資本主義更接近三民主義，尤與民生主義「計劃性的自由經濟」和民權主義所強調的全民政治，基本相通。

當然，參考他人的理論與經驗，並不意味我們應該亦步亦趨。觀摩世界各國的經驗後，必須通盤檢討，以釐訂下一階段國家發展的方針。瑞典經驗或斯德哥爾摩學派的主張，正如日本的文官經驗一樣，都可爲之印證三民主義的可行，但有待我們對自己國情和發展方向做更仔細的研判和實踐，方能獲得具體的成果。在朝野同感國家發展困頓之此際，廣泛參考各國的發展範例，並以日後的中國統一爲目標，該是我們的重要考慮了。

四、社會福利與工業民主

社會福利與工業民主這兩項課題都屬於民生主義的範疇，在此專列討論，是鑑於它們的重要性，而且也將成爲臺灣發展與海峽兩岸的競爭中，最重要的評判指標之一。茲就國際先例做一引論，再分析臺灣的發展前景。

提到社會福利，不免想起瑞典。在一九七六年以前，瑞典社會民主黨曾執政長達四十四年，由於長期實施社會福利，瑞典已成世人眼中消滅貧富差距與經濟剝削的楷模。目前在瑞典的直接稅比重，約佔賦稅總額六十％左右，與西歐和美國的情況相類，另外，日本爲五八％（一九七九年），臺灣則爲三五％。在社會福利支出方面，瑞典一九八一年佔政府支出二○・七％，另外還加上家庭及兒童補助六・二％。但臺灣的社會福利支出則僅佔八・五％，其中政府員工福利支出一項即已佔七・五％，相對於此，全國保健支出則僅佔賦稅總額○・八％。根據上述統計，差距實在非常明顯。雖然這項對比是以一個成功的先例相對於一個後進者，自然在所難免，但無論從民生主義的理想或臺灣經濟的成就來看，加強社會福利措施，制訂全盤的社會福利與安全政策，已刻不容緩。

中華民國憲法第一五三至一五七條規定，政府應實施公醫制度，制訂婦女兒童福利政策，保護勞工與農民，並應本於勞資雙方協調合作的原則，訂定相關的法律，以調解與仲裁勞資糾紛。雖然最近幾年間，政府已經制訂了勞動基準法，並在公保、勞保之外，開始實施農民保險，但與實施全民保險與公醫制度的理想還有距離。如何實踐憲法所賦與的使命，值得我們仔細探討，茲就下列三項分論之。

首先，政府應逐年調整所得稅、直接稅所佔賦稅總額的比例，並增加社會福利的支出，前者（所得稅）應以五〇％為標的，後者（社會福利）則至少應加倍至一五％以上，其中對公教人員與其他民眾的福利支出總額至少也應相等（各佔七・五）。雖然這兩項目標仍與瑞典、美、日等國的現有成就有一段差距，但如以十年為期逐步實施，至少會使臺灣的社會福利制度建立起穩定的基礎。

其次，政府應擴大社會福利與社會保險的對象與範圍，除了健康保險之外，應廣泛實施類似瑞典的人力政策，就業再訓練計畫、傷殘保險，另外退休金數額也應增加。依據勞動基準法的規定，其實施範圍以藍領勞工為主，約為三百萬人，佔臺灣全體勞工三分之二，尚有一百餘萬勞工未列入其中，今後應將其納入。另依基準法規定，即使是領最高俸的勞工（任職滿三十年），每月憑利息所得，亦僅及原工資三分之一強，但在西方先進國家中，無論是老年津貼或失業津貼，其支付額則多達原正常薪資的一半至三分之二左右。以西德爲例，失業者最高卽可領原薪資六九%的失業保險，至於傷殘病痛者則可領原薪資全額六個月，六個月後至三年內，則可續領八○%。由這些對比數字看來，今後臺灣社會福利政策與實施細節均須做通盤的檢討（本文各項數據，均見中華民國政府出版品及美國衞生部出版之：Social Security Program Throughout the World）。

第三，爲了貫徹社會福利政策，保障勞工、農民、婦女、兒童與老人等的福祉，政府宜合併內政部勞工司、社會司及其他各機構的福利單位，成立「勞工與福利部」或跨部會的「全民福利委員會」，擴增現有的人事編制，提高行政人員的素質，落實各項改革。政府亦應加強民間企業福利制度與保險事業的管理，以保障人民之權益。

除了上述的福利政策外，另一項相關的題旨是勞資關係的處理問題。早在六十餘年前，孫中山先生就已提出「社會與工業之改良」、「分配之社會化」等主張，可視爲工業民主化的先聲，但就具體內涵的發展而論，舉世的工業民主制卻遲至二次大戰後才有一些成果出現，近二十年來則有加速發展的趨勢。無論是南斯拉夫的工人自治、工人治廠，或瑞典的社區參與（社區民眾應分享該地區企業成長的果實，以企業盈餘購買該公司股票，參與其決策），或西德的「共同決策制」（勞資雙方以對等權利進行決策，決定企業方針）等，均已建立相當穩定的基礎，並展現合乎各國國情的特色來。再者，共產黨治下的波蘭，「獨立團結工聯」的尋求自主，反抗極權，更直接威脅到標榜以工人爲所謂革命先鋒的共黨意識型態，使統治者的權威瀕臨破滅。此外，在西方最資本主義化的美國，最近東方航空公司員工亦以自動減薪爲手段，爭取到公司內部四分之一的股權和董事會中一五%的席位，也爲工業民主化奠基。這些措施都值得我們留意。

近年來政府確已注意及此，因而在勞動基準法中規定，各企業得設置「勞資會議」，其中得就各項有關生產與勞工權益事項提出討論，但其中對勞方的具體權利與會議中的決策程序並未明言，此固因考慮當前的國家處境，不願驟然間賦與勞工過多的權利；另一方面則是顧及經濟發展的條件，恐怕影響資方的投資意願與決策權利。這兩項考慮固然可解，但隨著當前在野勢力的成長與經濟發展的進行，政府必須面對今後工會運動與工業民主的巨流，不再築堤阻擋，而應未雨綢繆，因勢利導。一方面，政府應參考西德的「共同決策制」，賦與勞方明確的對等決策權，使其足以與資方進行實質談判。另一方面，有鑑於西方工會的濫權與腐化，亦應及早強化工會組織中的民主決策程序，鼓勵勞工加入工會，積極建立政府與工會間的溝通網，使工會發展能導入正途，減少工潮發生與勞資對立。政府並可參考日本的先例，鼓勵各企業採取「終身僱用制」，資方以具體眞誠的福利措施吸引員工，發展良好的勞資關係，使「東方式的企業倫理」在工業民主化的過程中，展現實際成果。

最後，基於當前生態環境的考慮，我們主張在污染性的企業中，建立地區民眾的參與管道，規定各企業每年以一定比例的盈餘，交付地區民眾委員會（或鄉鎮民代表會），供其選舉董事，參與企業決策；或透過行政力量，要求企業每年以一定款項供地區民眾的福利使用，並以各種防治與補償措施，減低污染所造成的傷害。如果不此之圖，聽任生態環境與民眾健康繼續受到戕害，假以時日，民眾抗議污染的事件不斷發生，不但社會安定將受到威脅，政府的公信力也必然面臨動搖了。

基於上述的分析，只要及早實施工業民主化政策，今後的勞工力量將會在政治運作下穩定發展，減少罷工、怠工的發生，使得中華民國的經濟與社會發展齊頭並進。我們衷心期盼政府以無畏的大勇與清明的理智面對此一工業民主、勞工參與的巨潮，讓民生主義的理想能早日開創出時代的結晶來。

結語

中華民國今後應繼續秉持民族富強、民權平等與民生均富的立場，廣泛參酌各國的發展經驗，深入探討中長程的施政方針。在民族主義方面，揭穿中共私心自用的口號——「愛國主義」——及其他統戰伎倆，並提出有效反制之策。在民權主義方面，循五權憲法與政黨政治的原則，改善代議功能，擴大政治參與，加強五權分工合作、積極建立政黨體系。在民生主義方面，繼續實踐均富、公平與正義等理想，改善財經行政，擴大外貿管道、加強全民福利，鼓勵工業民主及勞工參與。若民族、民權、民生齊頭並進，則三民主義終有實現之日，國家統一的宏規也就指日可待。

誠盼中華民國朝野以無畏橫逆的決心，突破難關，使臺灣的自由光芒照亮幽黯的神州故土，這才無愧於四十年前軍民光復臺灣的犧牲，也才得以重映抗戰浴血所煥發的民族光輝！

從中長程角度探討臺灣的前景

——「從世界看臺灣」之一

三十多年來中華民國在臺灣的發展，是一段艱辛而複雜的歷程。從戰後的衰敗蕭條到今日的繁榮勝景，中華民國政府與同胞已經展示了具體的奮鬥成就和不懈的堅毅精神，他們的成就是可觀的，但任務也是艱鉅的，而從長期的角度觀察，未來的挑戰更是層出不窮的。由於臺灣面臨了許多發展條件上的限制，多年來也面臨著國際環境的衝擊，因而臺灣雖然已有令人欽佩的發展成就，但也無疑將有更長遠而艱辛的問題等待解決。因此，在檢討成功的奇蹟之餘，每一位關心臺灣同胞與中國前途的有心之士，都不可掉以輕心。相反的，細密的深思與理性的探索，才是迎接挑戰的最大保證。

爲了對臺灣今後的發展做整體的探討，筆者著手整理了一系列的題綱，也參考了許多國際的經驗，希望能透過這些先進國家與第三世界的發展軌跡，提供我國朝野一些反省的資料，供日後制訂中長程政策的參考。筆者提出這些經驗，並無意建議朝野人士去仿傚這些現成的經驗與做法，由於時空條件與國情民情的差異，國際並無一成不變的模式可循。但是，參考他人的經驗，反省自己的發展環境與歷史條件，從而運用理性的智慧與力量，以解決未來可能發生的課題，卻是現階段中華民國政府與民間所應極力思索的。因此，在筆者所提出的一系列文字中，雖有許多題旨並無急待解決的時間壓力，甚至可能由於政治的選擇或時空的轉變而不致構成嚴重的影響，但從未雨綢繆的眼光看來，預作中長程的政策安排卻是必要的。筆者提出這些問題基本上是出自知識份子的真誠，在探討解決方案時希望能從善意的立場出發，以不黨不私的持平態度，就各種可能的解決途徑加以比較、評估。換言之，希望秉持著民主、理性、愛國的精神，就臺灣未來的發展提出一隅之見。希望這些建議能發揮拋磚引玉的功能，鼓舞朝野各界與海外人士做進一步的思考，使中華民國能在現有的成就基礎上，在各方面的挑戰中獲得更大的突破。

這些長遠的發展問題，若用條列的方式筆記，至少包括下列各項：

一、政黨政治與政黨體系的發展：臺灣如何才能走上一個開放性的政黨體系？政黨法應如何擬定？選舉法應如何實施？是日本（一黨獨大）、西歐（多黨）還是美國（兩黨）的政黨體系足供臺灣學習？另外，應該實施單一選舉制，還是比例代表制？職業團體代表選舉的規模應該擴大還是縮小？黨外未來的發展應以中央集權制爲藍本，還是以地方分權制爲依歸？黨外將來應走著重意識型態的小黨制（代表不同的利益與階層）路線，還是應團結成一個全民性的大黨？

二、五權體制與政府組織：五權之間應該如何強化彼此的功能？如何實現行政院長任期制與負責制？如何強化立法院的議事功能？如何加強監察院的職權，並促進監察委員選舉的公正性？如何維護司法的權威？如何加強大法官會議的職權，使憲法的至高性獲得確保？如何使考試院肩負起改革文官體制的重任，並成為眞正的人事主管最高當局，同時怎樣既維持各行政機關特考的特色，並維繫高普考的公正性與實用性？另外，在中央與地方職權的劃分上，究竟應以中央為尙，還是應以地方為重？而省縣自治通則又應該怎樣去制定？

三、經濟發展與社會福利：在臺灣的海島環境下，如何長期維護海運暢通與經濟成長，不受中共經濟封鎖或經濟統戰的箝制？如何促進「知識密集工業」的發展及工業升級目標的實現？在經濟發展的前提下，應採取怎樣的措施，以維護所得的平均化？應該實施怎樣程度的社會福利措施，以維繫社會的公平安定與成長？另外，在經濟成長的同時，是否應擴大勞工的參與範圍，以促進經濟平等與工業民主的發展速率？再者，在經濟成長的過程中，應如何維護生態平衡，減低環境污染，並妥善處理核電安全、核廢料等問題？除此之外，在經濟行政組織方面，國家管制的幅度應維持現狀抑或縮小？在「計畫性的自由經濟」政策中，應該是偏重計畫性的角色，還是應以自由經濟為尙，並縮減政府的管制功能？

當然，上述各端只是大要而已，此處既不可能盡舉，也非一時所能實現。在討論過程中，由於知識、學力與時間的限制，也無法一一盡言，但筆者相信，這些問題的提出，本身就有其意義。企盼各方先進同道，共同戮力探討。

海峽兩岸的對抗與競爭

——「從世界看臺灣」之二

從當前臺灣地區政治與經濟環境的生態層面看來，海峽兩岸的對抗與競爭應該是最重要的一項因素了。就對抗的角度觀之，國共雙方持續性的內戰狀態，造成了臺灣海峽長期以來的緊張局面，這不僅成爲中華民國外交政策上的重要覊絆，而且也成爲國防上耗費高成本的外島運補與維持高數額的戰備兵員的根本原因。另外，在內政上的法統問題，在治安上的堅持戒嚴（雖然實際上引用戒嚴法的範圍與數量均甚有限），以及在文化出版政策上的高度敏感態度，無不與對抗的局面直接相關。至於從競爭的角度觀察，經濟、文化、體育乃至生活素質等各方面的競賽也將日益劇烈。截至目前爲止，臺灣地區的成就大致仍佔上風，但也有許多方面已出現接近平手的局勢，另外有少數方面則似大陸居前。由於上述對抗與競爭的局面在可見的將來不易轉變，因而對於臺灣的發展而言，將構成甚爲深遠的影響。

雖然對抗與競爭的局面不易改變，但在國際情勢與海峽兩岸領導階層變遷的條件下，中華民國的政治與經濟體系仍將面臨一些重要的調整問題，從綜合的眼光看來，至少包括下列幾個層面：

一、中共統一戰線與和平攻勢的壓力。

二、中共實施海峽封鎖與進行經濟、貿易傾銷政策的潛在威脅。

三、中共與美國關係進一步發展後，形成外交與戰略情勢的壓力。

四、臺灣內部與海外臺獨運動要求「獨立」或「自決」的壓力，以及中共堅持「一個中國」的威脅。

五、臺灣民主化的進程中，在野極端反對力量對政權穩定性的挑戰，如果連續的挑戰造成了嚴重的政治不安，將提供中共武力攻臺的機會與藉口。

在上列五項中，以前三項來自外部的威脅最爲明顯，亦最不可控制。至於後二項係來自內部的壓力，雖然尚未構成直接、立即的挑戰，但仍有待朝野雙方的合作、互諒與智慧的抉擇，始能消解潛存的陰影。目前政府採取「雙向」政策，一方面將統一放在長期的政策考慮上，以利臺灣化、本土化政策的進行；另一方面則又否定臺獨的可行性，此一政策對臺灣內部情勢的穩定已產生實質效果。在可見的將來，這項政策也應該繼續進行，但同時也應輔以其他彈性的政策手段，始能通過日後層層的挑戰。這些彈性政策的選擇機會，可從西德與南韓的統一政策中獲得一部份值得參考的經驗。

一九五五年，西德外長布里塔諾（Von Bretano）在波昂表示，第三國若與東德建交，則西德將針對關係的性質與程度，採取相對的制裁，最嚴重者將是斷絕雙方的關係。當時，西德政府決定此一政策將適用於蘇聯以外的東歐各國，換言之，將與東歐各國斷絕外交關係。西德並於一九五七年引用此一政策，停止與特立獨行的南斯拉夫之關係。但是這項冷戰時代的對抗政策，終於在一九六〇年代以後面臨了挑戰。一九六八年，西德外長布朗德（W. Brandt）恢復了與南斯拉夫的外交關係。一年後他繼任總理，積極推動東進政策。一九七〇年，西德與蘇聯簽訂莫斯科條約。一九七二年，東、西德之間簽訂基本條約。次年，雙方並分別申請進入聯合國，象徵對彼此國際地位採取互相承認的立場。

東進政策實施至今已有十餘年的時間，從西德不斷躍升的國際地位看來，外交上的彈性立場實有提攜其國際角色的作用。至於內政方面，東西德的和解也並未造成共黨運動的抬頭，在西歐各國中，西德共產黨的力量微不足道，西德人民對民主自由的堅持與對共黨的厭惡，也絲毫不受東西德雙方關係改善的影響，同樣的情形亦可見於南北韓之間。

南韓政府也是從一九七〇年代初期開始實施和解政策的。一九七一年八月，南韓紅十字會倡議南北韓會談，北韓方面亦接受此一提議，次年八月，第一次會議在平壤舉行，第二次則在九月間於漢城舉行。稍早於此，一九七二年七月間，南北韓同時發表震驚世人的聲明，宣布在當年五月間，南韓中央情報部長李厚絡曾代表朴正熙秘密訪問北韓四天，並與金日成晤談，北韓方面也承認在五月稍後，北韓副總理朴成哲在漢城會見了朴正熙，此外雙方並進一步設立了平壤與漢城間的熱線電話。但是，這一次的交流並未持續很久。一九七三年八月，北韓宣布停止南北會談，而且不斷挖掘地道，增強對漢城等地的軍事威脅。近年來，全斗煥上臺後，雙方的關係又漸好轉，但採取主動者幾乎均爲南韓政府（如提倡同派運動代表團參加國際比賽等），北韓方面或悍然拒絕，或虛委應付，但其南侵的意圖卻絲毫未變。一九七五年南韓政府發現北韓的南侵隧道，即係利用一九七二年雙方和解期間的鬆懈機會而構築的。共黨政權的居心險惡，於此可見。至於一九八三年北韓間諜在緬甸彈炸南韓閣員的血腥事件，更進一步證明了北韓在和平統一政策上的虛僞立場。

雖然面對著北韓的威脅，南韓政府的彈性外交政策卻持續不斷，且已收到極大的成效。在國內，南韓政府設立了國土統一院，儼然以和平統一的推動者自居，雖然實際的進展甚微，但對南韓的國際形象卻有甚大的改善。漢城當局舉辦一九八八年奧運，更極力保證各共黨國家與會的機會，也有可能使南韓的國際地位再作大幅度的提昇。這些作法，對於政治環境相接近的中華民國政府而言，實有值得參考之處。

由於政府對歷次和談的慘痛經驗無法忘懷，因而近年來面對中共的統戰壓力，一直採取拒斥的態度，另外則輔以反共宣傳政策，以期說服國內民心與國際輿論。但是在舉世和解與「低盪」

氣氛籠罩的情況下，這些宣傳實難以周全，而從中長程的眼光看來，今後反統戰策略也實需作根本的調整。不過，基本的兩項政策（既非臺獨，亦非立即統一）則應繼續維持。至於調整的方向，綜合而言應包括下列幾點：

一、政府應爭取類似南、北韓或東、西德間的對等地位，使中華民國在國際社會上維持一個與中國大陸平等的政權實體的角色，並應爭取一切機會在國際會議與機構中的參與權利，絕不可輕言退出。

二、應積極駁斥中共將臺灣降格爲地方政權的統戰論調。並主動要求中共以實際互惠（而非口惠）的作法，使海峽兩岸的政權同享平等的利益。舉例來說，既然中共聲稱允許臺灣維持現有的軍隊與軍備，就應要求中共支持或默許美國政府以對等的立場，售予臺灣各項軍事設施以明誠意。

三、在國際宣傳上應積極改善政府悍拒和談的形象，並將基本而可行的和談條件提出，使國際了解中華民國對和平統一中國的態度。此外並應要求中共在提出和談條件時，應尊重中華民國的法律地位與人格。

四、在對內文化與宣傳政策上，應以理性開明的作法，儘可能開放資料與訊息，使民眾了解到中國大陸的發展實情。政府應該體認到掩飾性、教條化的宣傳只會增加民眾的疑慮，也只會減低民眾對政府的向心力，並非明智之策。

五、在僑務政策上，應採取彈性的立場，歡迎僑民在海峽兩岸實地參觀比較。至於海外反統戰政策方面，「三民主義統一中國」的推動工作應著重於三民主義內容的介紹，並強調政府施政乃著重自由、民主與社會福利等實質內涵。

六、在香港政策上，應儘早明訂計劃表。一方面應大力吸收港資來臺，另一方面亦應秉持人道立場接受反共愛國僑民的移入。同時，對港貿易的取代方式，以及臺灣自設自由貿易區的政策，均應做併行的考慮，以減低香港問題帶來的經濟打擊。

七、在經濟競賽方面，臺灣的經濟升段步驟與規模均應加速、擴張，以避免中共低工資策略的競爭壓力。同時政府應擬訂反海峽封鎖的計畫，一方面加強海軍的反制能力，另一方面應擴大外籍貨輪的數量，以強化國際航運的支援力量，並減低中共實施經濟封鎖的風險性。

八、在國內民主化的過程中，執政黨應積極地與在野力量溝通，使其了解「臺獨」路線的危險性，並使其了解並肯定溫和、理性路線的可貴價值，以免予中共可乘之機，坐收漁翁之利。

綜合上述各點，我們認為中共的威脅雖如影隨形，卻非不可因勢利導、逢凶化吉的。而其關鍵則在：臺灣民眾對自由、民主與理性的信心，以及中華民國政府無畏橫逆，無懼極權的去執行各項政策，規劃改善政治與經濟的環境。相信只要臺灣能在經濟奇蹟之外，具體的展現政治發展的成績，國際的正義力量一定會站在民主這一方。讓臺灣永遠成為東亞地區不滅的自由燈塔！

政黨政治與政黨體系的發展

——「從世界看臺灣」之三

現階段的中華民國政黨體制，是以一大黨、兩小黨和一個雛型政團所共同組成的特殊體系。就其特殊性而言，它既非以日本自民黨爲代表的一黨獨大制（dominant party system），亦非純粹的一黨制（one-party or party-state system）。就前者而論，日本自民黨長期維持了百分之五十（或較高）的選票，但反對黨擁有完全合法競爭者地位，而且在理論上各反對黨亦有可能團結爲一，爭取執政的機會（雖然事實上並未發生過）。但就臺灣當前政治體制而言，這樣的條件並不具備，國民黨在近年的各項選舉中，始終維持著百分之七十以上的選票，至於在議會方面，更由於中央民意代表機構，並未全面改選的關係，因而黨外所擁有的力量，並不足以扮演積極爭取執政的角色。就此而論，目前的政黨體制，與日本的一黨獨大制並不相類。

但是另一方面，臺灣民主政治發展的成就，絕非純粹的一黨制所可比擬。此外，臺灣的兩小黨尤其是黨外政團也具有羣眾基礎，與共黨國家裝飾性的「民主黨派」有著根本差異。學界對於這種型態的政治體制，有各種不同的分法和界定，有的稱之爲獨霸體制（hegemonic party system），有的則認爲由於政黨交替執政與各政黨得依憲法自由組成的條件並不具備，因此不得稱之爲政黨「體系」。但無論何種稱謂，臺灣政黨環境的限制及民主發展的成就，都是事實。

政黨體系發展的方向

但從中長程的角度看來，在政黨法、省縣自治通則制定以及國會全面改選後，中華民國的政黨體系卻會逐漸形成，而其發展的方向，則可能有下列三途：

㈠獨大黨體系：國民黨維持絕對大多數的地位，黨外則依政見、意識型態和羣眾背景而形成許多小黨，其中有立場溫和的中產階級政黨，注重社會福利與勞工利益的民主社會主義政黨，也可能有著重生態保護，類似西德綠黨的組織，此外各種重要的宗教派系，也會尋求建立類似日本公明黨或西歐基民黨式的宗教型政黨。這種政黨體系形成的主要原因是基於下列兩點。其一，係因國民黨長期吸納的政治、社會與人力資源，使其優勢地位無法在短期間迅速轉移。其二，則是由於黨外運動本身的分化和社會日益多元化，利益與政見無法統一的結果。

㈡兩黨體系：亦即由黨外運動各主流派系團結爲一大黨，以一般民眾爲訴諸對象，亦即走上「全民政黨」的方向。雖然在團結之初，它不足以抗衡國民黨的優勢，但若能經由民主化的過程，建立起紮實的民眾基礎，採取地方分權而非中央集權式的組織型態，使黨領袖經由基層選舉，國會經驗等逐步昇成中央領導人的過程，亦即採取類似美國兩大黨的組織型式（而非革命民主政黨的中央黨部統一指揮制），則兩黨體系的建立仍屬可能。從現階段黨外運動發展情況看來，即使公政會等主流派能經由政治的合作而形成一主體政黨，仍有一些異議派系將獨立於主流之外，並且也將獲得一部份的羣眾支持，但相對於兩大黨而言，這些小黨派的存在並不足以否定兩黨體制的形成。

㈢多黨體系：所謂多黨制，係指政黨體系內有三個以上的主要政黨，其中沒有一個政黨能夠維持絕對多數。換言之，相對多數的政黨必須與其他黨合作，才能掌握絕對多數，獲得執政的機會。但是在中華民國現行的五權體制之下，行政院與立法院的關係並非標準的內閣與國會關係（行政院長並非立法院的多數黨領袖，亦不具立委身份），因而鑑別的標準不只是在各黨的執政能力，也看各黨在議會及民選官員中所佔的當選比例。就此而言，多黨體系的形成將意味著政治與社會多元化的日益擴張。如果政黨體系中的主要政黨數目甚多（一般而言，指超過五個），則更意味著政治與社會環境的日趨分歧。在極端的情況下，政黨體系甚至有可能演變至馬來西亞式的多黨制（馬國正式註册的政黨有三十餘個，主要政黨則超過十餘個，執政的「國民陣線」，係以巫統、馬華公會等十一個黨合組的聯盟）。在此情況下，各主要政黨間勢必將採取各種聯盟或合併方式，以利多數黨派的形成。久而久之，亦有可能會走回一黨獨大或兩黨制的局面。

就目前的趨勢看來，未來政黨體系將以一黨獨大制的可能性最高，但其他兩種可能性亦非絕不存在。其中關鍵因素，除了國際環境與各政黨的政績及羣眾基礎、政策主張、領導階層的統合能力及領導才華等之外，還受到選舉制度與政黨法規的影響。

選舉制度的重要性

就一般政黨學的經驗而言，選舉制度若係以小選區的多數選舉制爲主，則有利大黨的發展。反之，實行大選區及比例代表制則會保障小黨，鼓勵多黨制的形成。此可從美國（兩黨制）與西歐各國（多黨制）的經驗上看出來。另外，有關法規的制定細節也會影響到政黨體系的發展，例如法國在第四共和時，多黨林立，從一九四四到一九五八年間，先後成立了廿七屆政府（與當前的義大利政局類似），但在一九五八年第五共和成立後，新的選舉制度規定每一選區先選出一名（卽小選區制），而且在第一輪選舉中，若候選人不能獲得絕對多數票（超過百分之五十），則舉行第二輪選舉，此時在前項投票中得票少於百分之十者被淘汰出局，剩餘的候選人將再做一次競逐，由其中獲得多數者當選（相對多數卽可）。至於總統選舉情況亦同，但在第二輪選舉中，只有第一輪得票最多的前兩名得繼續參選。此一制度鼓勵了政黨聯盟的趨勢，也使得極端立場的候選人及政黨，較不易獲得選民的支持。以法共爲例，一九五八年選舉結果，該黨選票雖僅從百分之廿二・五降到百分之二十，但議席卻從百分之十五直落到百分之六・九，使得法共過去的最大黨地位立即滑落。而在總統選舉中，溫和的社會黨候選人亦較激進的共黨候選人更能獲得聯盟力量的支持，也較易通過第二輪的考驗（如一九八一年密特朗的勝利），由此可看出選舉制度的重要影響。

除了法國的經驗外，西德政黨法規定，選舉採取單一選舉和比例代表兩種制度，但爲阻遏多黨制發展的幅度過寬，規定在全國擁有百分之五以上得票率，或當選者在三人以上的政黨始得在國會中擁有議席，此一安排，使得西德在二次大戰後多黨林立的現象獲得改善，也使得擁有百分之五以上民眾支持的政黨，成爲政黨體系中的「有效」成員，這亦可視爲判斷何者爲西德「主要政黨」的一項準據。

在當前舉世的民主國家中，大部份皆實行比例代表制，其中如奧地利、比利時、義大利和北歐各國，並實行「單純政黨名單投票」，亦即各黨將其參選候選人均列入名單內，選民根據政黨偏好投票，最後依各黨之得票數，決定各黨獲得議席若干。這些國家都實行大選區制，每選區當選者在五人以上。至於採取小選區的美國、英國、法國等，則實施候選人投票，亦即以候選人個人爲投票對象。至於前述的西德，國會選舉係一半選票投給候選人，一半投給政黨，可說是兩者折衷。至於日本的選舉制度亦與西德類似，係小選區制、準比例代表制和比例代表制等三者的混合，例如參議員選舉就分爲全國及地方兩種選區，前者採比例代表制，後者則有小選區和中選區等多種（選出一人至四人均有）。一般而言，日本屬於「準比例代表制」的範疇，其優點是使得各黨均能在議會中有適當的代表性，也使選票的有效性提高，減少「死票」的發生，避免了美式單一選舉制勝者全勝，而得票次高者以下卻完全無機會獲得議席的缺點。但日本的制度過於複雜，另外以候選人爲投票對象而非以政黨爲本位的制度，也頗受人批評。然而從上述的例證觀察，日本與西德都能兼取單一選舉制與比例代表制之長，而發展出獨特的制度來，這是頗值得效法的。

政治學臺北的遠景

目前臺灣地區實施的選舉，可說亦接近於「準比例代表制」（例如各種民意代表選舉多採中選區或大選區制」，但由於政黨體系尚未具體形成，在條件上還無法實施大部分民主國家所採行的政黨名單投票制。可以預料的是，即使政黨法實施後，政黨體系的穩定發展仍需假以時日，因此實施純粹的比例代表制（直接投票給政黨或以各黨爲計算單位），可能爲時尚遠。但是無論從實然與應然的角度看來，由於選舉制度的複雜及其影響的深遠，朝野都應及早爲選舉制度與政黨體系制訂出詳細的計劃來。這些計劃經由試誤改革的過程，不但將影響日後民主的發展與類型，也將使得適合於國情的選舉制度逐漸形成。屆時臺灣經驗不僅將成爲中國政治史上的奇葩，也將由於政黨體系與選舉制度的奠定，使得「政治學臺北」成爲具體可行的規範。面對二十一世紀的挑戰，我們希望政黨體系的發展，在穩健的步驟中，成爲政治現代化的重大成就。

政府體制的改革

——「從世界看臺灣」之四

中華民國的現行憲法，爲法統維繫的重要依據。雖然它是一九四六年前後政治協商下的產品，夾雜著實施困難的條款，造成日後頒布「動員戡亂時期臨時條款」以凍結部分憲法條文的特異現象，但無論從比較的眼光或做溯源的觀察，這部憲法基本上是強調制衡、肯定民主的，而且與中共過去三十年來四易憲法（分別爲一九五四、七五、七八和八二）的畸型表現相較，憲法的權威確是要高許多。然而從中、長程的角度看來，中華民國的憲政體制必須面對改革的挑戰。一方面應依據憲法調整政府的組織；另一方面則應依據分工合作的原則，就五權的職掌與分配從事規劃。

與上述兩方面有關者，過去三十年來不斷被提出的問題，如司法院大法官會議解釋憲法的權威維繫，國家安全會議的法定地位及文官體制的維護等，一直受到注目。其中也有部分問題已獲改善（如檢審分立至少在形式上已經實現），不過若干組織的合法性、五權之間的權力衝突（如銓敘部與人事行政局）等問題，至今仍懸而未決。至於憲政體制的調整方案，則因牽涉到憲法權威與法統維續等關鍵問題，影響深遠，一直僅止於擬議、建言的階段，非短期所可解決。但是在民主建設與政治發展的前提下，這些改革擬議仍應儘可能促其實現。茲就其中較爲可行性的建議，綜合成下列數項：

加強部會研究考核

一、在行政院方面，應增加部會的數額，加強分工與研究考核工作。目前被提及最多者係設置農業部、工業部、商務部等，此外如提高衞生署和文化建設委員會的位階及權力，以及擴充各機關的研究發展單位等，均屬必要。

在長期的改革中，則應包括建立行政院長及部會首長的任期制，使其與立法委員任期相同。行政院各機關首長（政務官）亦均應經立法院同意而任命，除此之外，政務官的範圍宜擴大，各部會常務次長也應增至二至三人，並應厲行政務官、事務官的分殊化，使文官體制不受戕害。

二、在立法院方面，應重行考慮立法委員的總額，最多不應超過一百人，選區應按人口分布做人數均等的規劃，每三年調整一次。至於海外遴選，名額不得超出國內立委總額的五分之一，並應依國內立委當選的各政黨比例分配之（遴選時應徵求各政黨的意見，並儘量符合各政黨推荐的名單）。若國內立委屬於無黨派者，海外部分可由執政黨推荐無黨派的僑民擔任，但應以清廉公正孚重望者爲條件。遴選之前，應規定候選人得在國內或海外發表政見。

立委對選民負責，其出席情形及投票紀錄應公諸於傳播媒介。每位立委應有公派的幕僚或助理人員，並經銓敍資格鑑定；各委員會及全院也應設立研究單位，聘請專家提供各項諮詢服務。立法院圖書館宜擴大編制及經費，並應對一般民眾開放。

三、在司法院方面，司法官的任命應符合憲法規定，超越黨派之上，司法官與檢查官不得互相調任，兩者的人事系統亦不得混淆。

在大法官會議方面，大法官應比照法官的終身任期制，經監察院同意任命後即不再影響其任期。非因年老、病痛或自願退休，不得免其職。每位大法官應有專任的秘書及幕僚人員，由其個人推荐，經銓敍資格鑑定後任命。公務員懲戒委員會的委員亦應比照之。

監委選舉宜改革

四、在監察院方面，監察委員選舉應做大幅度的改革，方式有二：一、改爲全民直接選舉，除任期六年不變外，均比照立委選舉。二、維持目前的間接選舉制，但應配合省、市縣會之任期，改爲四年一任。在此一方式下，監委的選舉過程應該公開。議員投給哪位監委候選人，應比照其平常在議會中的投票，公諸於世，以昭信於選民。

在監委的候選資格方面，由於其具有準司法性質並需清廉公正，因此必須規定曾受法政高等教育，或曾從事相關工作或研究，並經銓敍資格通過始得登記爲候選人。監委選舉無論是採取直接或間接的方式，均應公開發表政見。

在監察院的職權方面，曾有擬議指出，由於監委的準司法職權與檢查官接近，因而檢查業務應自行政系統劃歸監察系統。如此在監察院掌握監察、檢查，司法院掌管司法的分工之下，司法的獨立性將更易鞏固，而監察與檢查業務之間亦能更謀協調。此一擬議牽涉殊廣，但不無參考價值，若能促其實現，將使五權分工合作的理想大爲提高，則澄清吏治的監察委員功能與糾舉犯奸的檢查官角色，也就相得益彰了。

五、在考試院方面，由於長期以來對考試權、人事權的不够尊重，考試院漸有淪爲行政院考試局之譏。在未來的改革中，考試權應恢復並做進一步的擴張，始合憲法原則。在考試權的恢復上，一方面，人事權應從行政院重新劃歸考試院；另一方面，考選部主辦的高普考應恢復其權威性與實用性，爲配合行政機關的眞正需要，應由各行政機關首長與考試委員、典試委員等合組考選委員會，共同協商考選辦法及任用細則。另外，考試院應設置各種專業委員會，延請學者專家參與諮詢，使考試院能隨時趕上專業事務與學術的發展。

在考試權的擴張方面，論者以爲考選部旣以考選爲名，就應兼顧考與選，此不僅應包括文官考試，亦應擴及民意代表的選舉。事實上，民意代表的資格鑑定亦應由考試院負責，始能避免政黨政治的干預。基於此，應將選舉業務從內政部轉交考選部。從考試權乃爲國舉才的原意看來，此議頗爲中肯，值得參考。

改進文官行政系統

再者，關於文官系統的改革問題，銓敍部門應增加人事的流動性，凡任同一職務滿五年者必須調職（現該類人員佔全體公務員之一半），並應以優惠的辦法鼓勵公務員提早退休，以增速文官的年輕化。在各級公務員的薪資方面，應擴大待遇差幅，目前最高與最低者之間僅差四倍左右（新加坡爲三十餘倍），應予拉大，並儘量縮短與同級民間企業的薪資差距。在公務員的進修方面，應規定每五年得利用公餘時間（或短期的公務時間）進修一次。至於職務調動人員，應接受在職訓練。現行公務人員的出國進修制度，也應擴大施行。凡此，則文官的素質方得提高，行政改革也才有落實的基礎。

綜上所述，未來的政府體制改革，應秉持五權憲法之精神，一面擴大行政院的部會分工，一面增加其他四院的職權，則五權制度的功能方得具顯出來，這無疑將是憲政體制上的最大成就了。

地方自治與民主

——「從世界看臺灣」之五

地方自治是過去三十多年來臺灣政治建設的最大成就之一，也是近代中國罕見的大規模民主建設。雖然地方自治的發展一直與選舉公平性、地方派系等問題糾纏不清，但在中央公職人員未能全盤改選的限制下，地方自治在緩進中發展的成績，卻提供了民主實驗的直接機會，也替中華民國培養了許多幹才。

在今後二、三十年的民主發展上，地方自治卻將面臨有待突破的瓶頸，其中有些問題長期以來已經引起朝野的重視（如鄉鎮長委派或選任的問題），有些則待進一步的釐清，同時也賴政治環境轉變，始得解決。中央與地方權力的劃分、地方政府的執掌與權限細節，都是其中顯著的問題。

由於我們肯定光復大陸、統一中國乃長期的目標，過去三十多年來，中央與省之間的權限劃分，以及維持政府兩支系統的龐大人事費用等問題，始終未得解決。隨著都市化的趨勢，目前在省政府之外，已有兩個院轄市政府，換言之，中央之下第一級的地方政府，已略趨多樣化。政府應配合都市化的發展，進一步擴大院轄市的規模與數量，在不違背憲政法統的前提下，重新調整中央與地方之間的權力關係。

地方自治的瓶頸

從理想的角度看來，臺灣今後應該增加設立兩個以上的院轄市（一在中部、一在東部），這些都市不僅將因升格而獲得較充裕的發展經費，同時也可藉著規模的擴張而獲得更寬廣的發展腹地，使臨近的鄉鎮同獲都市發展之利。如果這樣的理想果得以實現，臺灣地區將形成一個以鄉鎮爲主的省政府轄區，和四個同級政府的都市中心區。由一個中央政府統領五個一級地方政府（另外還包括軍政管理的金門、馬祖等福建地區），將使中央與省職權之間的重疊性大爲減低，同時也由於省政府管理幅員的縮減，促進地方政府與下屬機關之間的密切性。從國際的比較觀點看來，五個一級地區政府的例子並不特別（例如多民族的南斯拉夫亦僅有六個共和國和二個自治省），但對地方自治的發展卻頗有助益。

在都市中心區（卽院轄市）的劃分上，應以整體的發展爲考慮重點，因此行政區域的安排應依據都市地理區的連貫性，而非舊有的行政區制。在這樣的前提下，臺北都會區應再規劃，鄰近的三重、板橋、新莊及大部份的臺北縣地區，均應按發展的需要，劃入臺北市。無論從現代都市發展或當前的需要的角度來看，設立大都會區有其現實上的必要。此所以紐約市維持著五個大轄區（每一區事實上都已構成一個獨立的大城市），此不僅可促進各區彼此間的發展，而且可藉由交通設施的一貫性（如統一的地下鐵及捷運系統等），促進都市居民生活上的便利，同理亦可見於各國的首都都會區。

臺灣地區人口趨勢及都市化面臨的問題（如排水、交通、垃圾處理及國宅等），也可經由都會區的設計而解決泰半。經由統一的市政規劃與整體的執行，不僅可節省開支，且可促進行政效能，改善都市居民的生活品質。臺灣在持續的經濟發展與都市化過程中，應及早著手於此。

隨著都會區的擴增，地方自治民主化的趨勢也應同步增長。在省縣自治通則制訂實施後，省、市及各級自治機關首長的民選原則，將獲得進一步的肯定。在鄉鎮這一級基層組織方面，美國部分地區的市經理制（市長卽民選的地方議會議長，經理則爲委任的行政主管），值得參考。事實上，鄉鎮由於權責與經費皆有限，牽涉政黨政治的因素亦少，因此，不妨由上級政府派任市經理性質（但具備公務員資格）的文官主持行政工作（暫名之曰「行政主任」），同時亦維持民選制度，由地方議會主席擔任鄉鎮長（卽原代表會主席），由代表會代表行使監督與制衡權。在這樣的制度下，鄉鎮的民意得以伸張，行政績效又可提昇。

至於縣市政府方面，依五權憲法，縣本爲地方自治的基本單位，因此其權責應獲尊重。在這方面，現行財政收支辦法宜做相當幅度的改革，縣政府應擁有較多的稅收與較高的財政自主權。縣長也應在銓敍機關的監督下，獲得更大的人事權。尤其是在都市化較高的地區，人事編組應具彈性，只要獲得同級議會的認可或經自治立法，地方政府應擁有較多的權限，並因地制宜，設置適合需要及符合財力負擔的機構（人員應經銓敍資格鑑定）。過去一條鞭式的行政編組，往往造成冗員充斥或績效不彰的現象。因此在未來的改革中，地方自治應名副其實，容許地方政府在合法合理範圍內充分自治，實踐憲法所賦與的權力。

在自治權的擴張方面，依現行憲法規定，省、縣及院轄市得制定自治法（但不得違憲），並得行使創制、複決權，制訂適合地方需要的法令。從長程的角度觀察，地方自治的發展將是民主化的延伸，也是孫中山先生所揭櫫的直接民主擅場之所。至於當前地方自治所出現的派系紛擾問題，在未來政黨政治的發展下也會轉變。

重要性不容忽視

首先，政黨政治的發展將以地方自治爲主要培養所。隨著不同利益與不同立場的政黨組織化過程，當前的地方派系將會面臨重組的命運，新興的利益集團也會在政黨組織下出現多元競爭的局面，傳統的鄉紳權貴或企業家族集團，無法再以獨占或分贓的方式獨享發言權。原來不易發揮具體影響力的小商人、農民、勞工和知識分子等，將可通過利益團體和政黨組織的利益匯聚過程，以其專業的角色或知識，爭取在議會與行政機構中的發言權。因此地方派系也將現代化與多元化。新的派系組合基礎將是職業角色、專業知識與同業利益，且將透過社會經濟的發展，出現不斷重組、結合的現象。以家族與地方關係爲主體的傳統派系，即使仍會延續下去，卻不再成爲主導的力量。

其次，就地方行政的經驗與民意的匯聚而論，政黨政治也將經由地方自治而獲得成長。以西歐爲例，各國執政黨在執政之前，多已參與地方選舉，並以在聯邦的在野黨身分，在地方政府中先獲得執政經驗。而執政黨的領導階層中，也率多由地方選舉而崛起的人物（如西德前總理布朗德，先曾擔任西柏林市長）。事實上過去三十多年來臺灣的地方自治，早已爲中央政府培養了一批領導人才，而未來的政治人物也將通過地方自治所提供的各項機會，以爭取選民的支持，從而向中央政壇邁步。

根據以上分析，地方自治是中華民國政治發展上的重要基石，也是各政黨結合民意、爭取行政與執政經驗的重要園地；政黨體系的發展，無疑亦將以地方自治爲基點，其重要性自然不容忽視。

突破經濟發展的瓶頸

——「從世界看臺灣」之六

「升段」是當前臺灣最大的經濟發展課題，也是走向已開發國家的關鍵所在，在這項目標下，新竹科學園區的設立，已爲成功的臺灣經濟模式，增添一份新內容，顯示了革新與實驗的精神，又象徵著在未來的挑戰中，將有更多的嘗試與改革。至於經濟改革的成敗，則不僅將影響自身領域的發展，也將直接或間接影響到臺灣的政治、社會與文化。

社會變遷面臨挑戰

從綜合的角度觀察，臺灣經濟發展的瓶頸如下：

一、在中共及其他第三世界的低工資競爭下，臺灣必須儘早從勞力密集的輕工業上脫手，走向資本密集、知識密集的高級科技工業。其中技術、人力、資本與投資環境，都是決定成敗的重要因素。

二、在知識與技術的轉移過程中，必須儘早脫離仿冒先進國產品的階段，而以大量的人力與資金投入研究發展部門，突破以生產廉價品爲主體的瓶頸，嘗試與先進國工業產品一較短長。在這方面，工商業情報網、資訊網的建立，與先進國的科技及商業聯繫，教育體制中的人才供應，以及政府所扮演的協調角色，都將影響其競爭能力。

三、臺灣企業將面臨許多改革，其中包括中小型廠商應改變家族企業的經營型態，以及擴大貿易商的規模等，都是影響未來國際經濟競爭的重要關鍵。在這方面，由於臺灣企業文化的僵滯，必須依賴政府的經濟與租稅政策，並透過各種鼓勵合併與資本累積的措施，才能加速改革，擴大經營的規模。

四、在外貿市場方面，持續多年的對美貿易順差，將因美方的保護政策而減低，先進國家的關稅壁壘政策也會限制臺灣產品的競爭能力。此處，臺灣應仿傚韓國與日本，積極開拓近鄰的東南亞市場，以突破日益嚴重的市場瓶頸。

五、在政府的機能方面，由於文官體制不健全，往往造成施政效果上的缺憾。過去論者多以日本通產省爲例，指其吸納了第一流大學的法政與管理人才，並由於經常性的職務調整與充分授權（其中以中級文官——助理科長一級的決策權最重要），使得文官體系常保活力。相對於此，臺灣的文官體制卻顯得僵化而暮氣。這方面，由於牽涉到整個政治體制的興革，成效一時不易呈現，因而問題更爲明顯，當局應努力解決。

六、在擴大企業規模與加速資本累積的過程中，所得分配平均化勢必面臨負面的影響。受薪階層所得差距將會加寬，企業家與資本家的逃稅現象將會擴大，經濟犯罪與移民置產也會加劇，上述各項問題牽涉到社會平等與心理建設等基本議題，若無適當對策，將對政府威信、經濟秩序與社會發展構成嚴重的傷害。

七、在香港問題方面，政府似乎尚無直接有效的對策，而對臺灣經濟國際化與自由貿易區方案，也無積極肯定的做法。政府已否定反共港人「將澎湖發展爲一新香港」的建議，顯見將持續一貫的保守政策。但如何維持對港貿易，並儘可能吸收港資來臺，以及如何使臺灣在九七年後取代香港的一部分功能，成爲亞洲重要的商業基地，並促進臺灣成爲國際自由港，皆爲未來政策之要項，也是對港政策規劃的焦點。

提昇科技延攬人才

針對以上各項，筆者提出下列對策：

一、在工業升段過程中，政府應積極推動科研發展與產品開發。目前歐美各先進國家的科研經費總額佔國民總所得百分之二左右（在美國的政府預算中，科研經費更經常高達百分之十至十四之間），我國政府一九八一年的支出中，基本研究則僅及百分之一，國防研究經費則不公佈。

另外在全國科研經費中，歐美各國官方更負擔百分之五十以上。針對此點缺憾，政府應積極擴大目前研究單位（如新竹工業研究所、電信研究所、中山科學院）的規模、經費及其與民間工業的聯繫，並協調各行業的廠商，組織集體性的研究單位，採取會員制，共同分擔經費及設備，成果則對全體會員廠家開放。如此既能減低各廠商的財力負擔，又能共享研究開發的善果。至於研究的分工方式，則不妨參考瑞典的經驗，短期研究發展工作由民間企業擔任，長期、基本的研究則由政府機構負責，並由行政院國科會負責協調。另外政府也應釐訂計劃，對這些集體性的研究組織提供經費與技術的協助。

在海外人才延攬方面，政府應積極吸納中年輩（五十歲左右）的高級科技人才歸國。這些人士在海外多富實務經驗，且卓然有成，但因族裔背景關係，陞遷機會不大，而子女又已成年，較無家累，因此歸國服務的障礙較小。他們在歐美的公民或居留權身分，以及既有的人際關係，也提供了商務溝通上的便利，增進了對外貿易競爭上的優越地位。這些吸納人才與溝通協調的角色，應由政府積極擔負，並應儘力減低政治與情治因素的干擾，果能如此，經濟升段的高級人才供給應不致形成問題。

二、文官系統的改革，基本上屬於政治層面，但就人才培養的角度來看，政府、學校、研究機構與工商企業之間的聯繫十分重要。各大學與研究機構應與政府共商大計，有系統的培養與訓練文官人才。採行方式可歸納爲下列數項：

1.擴大現有的公費生獎學金制度（目前財政部與各大學財稅科系已實施此制度），由政府機關與大學相關科系的優秀學生簽訂契約，規定在學期間學費及生活費由各機關供應，畢業後則需服務若干年（三至五年為佳，但依各機關性質而定），對於這些文官儲備人才，各機關應訂定整體的訓練計劃，不但應在大學就學期間指導其修課方向，使其符合各機關的需要，且應鼓舞其在服務後三、四年，繼續做短期或公餘的進修。目前財政部財稅人員訓練所已頗富績效，研考會、經濟部及其他經建單位也應效法設立類似制度，使文官在專業知能上可以日益更新。

2.加強財經執行機構與各公民營研究諮詢單位的聯繫。經建會、國科會、中華經濟研究院、臺灣經濟研究所、中研院及其他各企業研究機構的研究成果，應透過制度化的面對面溝通而傳達（如設立研究與執行協調會），使研究人員與執行官員彼此交換意見，了解對方的立場與經驗。處理日常事務的官員，將因此獲得較多的知識資源，且對民間業者的處境也有較多的認識。以目前的政府體制看來，經建會最宜擔當此一協調角色，但應強調的是，爲減低官僚化的影響，應特別著重各單位中級官員（科長至司長級）與研究人員、企業家之間的溝通，並建立制度。

3.應提高文官待遇，加強分層負責，同時加速人事陞遷與職位調動，規定凡任同一職務滿五年者應予調整，另應授權主管裁汰冗員。公務員退休年齡亦宜提早（日本文官在五十五歲卽退休），以促進年輕化。退休人員亦可進入商界，繼續貢獻社會。

改革稅制開拓市場

三、在維繫所得平均化與加強心理建設方面，由於企業合併的潮流不可避免，今後許多中小企業家將轉爲受薪階層，則資本集中於大企業家的情況將會加劇，爲避免貧富差距擴張太速，稅制應做大幅度的改革。直接稅比重應調高（一九八一年爲準，僅及間接稅之半，約佔賦稅總額百分之三十五，或國民所得百分之八左右），目前先進工業國家直接稅比重多佔總稅額一半以上（日本、美國、瑞典及北歐各國則高達百分之六十左右），臺灣應以百分之五十的比例爲目標，並訂定長程計劃，逐年調高。過去二十年間，臺灣的直接稅比重已自百分之二十調整至百分之三十五，今後應加強此一成長趨勢。

除了稅制改革外，加強稅務稽征。以及厲行對逃稅與貪瀆行爲的制裁，都應同時進行。在股權大眾化方面，應積極加強股市功能，促進股票上市的比例，並應採取優惠手段，鼓勵企業家將股票售與或分配與員工，以提高生產者的工作意願。如此則企業合併的結果，將不致造成資本家的個人壟斷，終能達到資本大眾化、員工股東化、生產效率化的目標。

在遏阻經濟犯罪方面，政府應採取非常之決心，一方面大刀闊斧改革銀行體制，健全銀行功能，使黑市借貸與民間標會的趨勢得以減緩，也使歷年來的倒會之風得以叫停。另一方面，本諸毋枉毋縱之原則，對於高級官員及企業家的非法移民置產，仿韓國之例，採取嚴厲的制裁與防杜措施，以減弱資產外流的趨勢。如果此一現象不見改善，則各項經濟改革措施均將抵銷，而經濟升段政策的各項成果，也將無枝可依了。

四、在外貿市場方面，應積極研究與開拓東南亞市場。由於東南亞各國的排華傾向，政府應輔助民間多與當地商人直接聯繫，促進友誼（尤其應增加與新加坡的貿易來往）。以一九八一年爲準，臺灣對香港出口佔總額百分之八・四弱，進口則不及百分之一・五，而對新加坡之出、進口則分別爲百分之二・六七及〇・九四，對馬來西亞也僅爲〇・八三及二・一三，足見這些地區的貿易潛力甚大。如能妥善運用，則香港問題所造成的外貿損失，將可逐漸彌補。在這方面，駐在各地的商務處及國內的研究諮詢單位，應協調提供商訊，並制訂統籌性策略，指引貿易商及廠商積極拓展市場。同時，政府應擴大外商投資優惠條件，放寬對外商的外匯管制，吸引各國廠商以臺灣爲生產基地或轉口港，一旦臺灣成爲東亞的貿易及經濟重鎮，我們的經濟成長就得以確保，而香港問題與中共經濟統戰的負面影響，也就會逐漸化解了。

社會福利與工業民主

——「從世界看臺灣」之七

從經濟發展的角度觀之，在臺灣有限的物質資源與強勁的外貿競爭下，倡議加強社會福利與工業民主，似乎不切實際。但從臺灣將進入已開發國家之林的前景看來，在經濟富裕與政治民主的要求下，這兩套制度與觀念的重要性卻與日俱增，將成爲國家發展上深受注目的課題。因此從中長程角度分析它的可能發展，是絕對必要的。

社會福利與工業民主（或經濟民主）是相關的，前者指運用賦稅、救濟、保險等手段，維繫社會大衆的基本福祉。後者則指運用民主的方式，將資本與生產工具社會化（集體共有）。換言之，即經由各種形式，包括集體所有制、勞資合議制和股權大衆化等，將企業決策與資本利潤平均化。在過去幾十年的發展歷程中，社會福利與工業民主常互相影響，使得資本主義與社會主義兩極體制都有了重大的修正，也使得從人道立場出發的經濟平等化要求，得經由和平改革，獲得穩定發展的基礎。

就社會福利而言，主要方式是經由賦稅的手段，將各人的一部份收入或支出，以各種福利形式，平均轉移到社會大眾的手中。在實際的政策上，則包括失業保險、安全及健康保險、公醫制度、老年退休金、學前教育與幼兒養育、職業安定保證、組織工會權等。在當前臺灣的社會福利制度上，由於顧及投資意願及經濟發展，所得稅、直接稅一直採行低稅率政策（僅及間接稅一半左右），不但與著重民主社會主義與社會福利的國家如瑞典、英國有極大差異（瑞典近年來的直接稅比例平均佔賦稅總額百分之六十左右，英國爲百分之五十強，美國爲百分之六十強，而臺灣則不到百分之三十五），卽與近隣日本也相差甚夥（日本的直接稅所佔比例在一九七八年爲百分之五十八）。至於實際的社會福利支出，更足以顯示問題的嚴重性。以一九八一年爲例，我們的社會福利佔國庫支出總額百分之八．五，其中支付政府員工的傷殘、老弱、無依者已佔百分之七．五，對其他民眾的相關支出僅佔百分之〇．二，至於保健支出方面，亦僅佔賦稅總額百分之〇．八。此一數字若與我們的國防支出（佔百分之四十四．九），或瑞典的社會福利支出（百分之二十．七，另加對家庭及兒童輔助百分之六．二）比較，實不難了解社會福利問題在臺灣的嚴重。這絕非如某些人士所說，若做大幅度提高將造成民眾工作意願的降低，或形成對政府依賴加劇的現象。相反的，我們認爲對社會福利的嚴重壓抑，正是臺灣未能成爲已開發國家的一項觀念障礙，這也是對三民主義福利政策的一種輕忽態度。事實上，中華民國憲法早對社會福利做了積極的肯定，其中第一五七條更明白規定應實施公醫制度，但三十多年來此一條款不過是具文罷了。這些問題，輿論界、學術界——尤其是三民主義學界不斷提及，但始終未見改善。隨著經濟發展與政黨體系的形成，終將成為大眾關心的焦點，而對福利政策的態度，也將成為日後各政黨的主要政綱內容。因此對社會福利及相關的工業民主做一分析與展望，乃深具意義，茲分論如次：

一、應積極建立全民醫療健康保險制度。目前大規模醫療保險僅及於公教人員及部分勞工（勞動基準法實施範圍僅及於藍領勞工，佔全體勞工三分之二，約三百萬人，另一百四十萬勞工未包括在內），至於漁民、農民及各業之眷屬健康保險，則多未實施，今後的保險種類與實施範圍應與公教保險相等。經費來源方面，除從薪資所得者的月俸中扣除一部分外，政府亦應大幅度提高醫療福利支出，使全民皆得享受福利國家的保障。政府並應擬訂長程計畫，將現有不足百分之一的保健支出逐年調高，其目標至少應與用於政府員工的福利支出相等（佔總支出百分之七・五）。

二、社會福利支出中，應大幅度增加社會安全項目的經費。社會安全制度是福利國家的最基本表現，其中如養老金、失業補助、職業安定保證等經費來源，一大部分可從薪資中扣除，做為準備基金，另外則需依賴直接稅的補充。目前許多先進國家的失業津貼與老年津貼，高達正常薪資三分之二左右（並可長期支領）。即使臺灣的經濟與財政情況不允，至少也應以二分之一薪資律貼為其目標。另外勞動基準法中有關退休俸的規定，也應做進一步的保障。如果政府主要以企業家的立場為考慮基點，則三民主義的勞工政策勢將徒託空言，勞資對抗的現象也終無法避免。以勞動基準法為例，目前規定退休俸最高額訂為四十五個月基數的工資，依其計算辦法，一個任滿三十年的勞工，只能領到不足四年的薪資供其退休後生活，若將此退休金全部存入銀行，以百分之十的年利計算，每月實領利息僅及原薪資三分之一左右，若遇高度通貨膨脹或意外病殘時，生計勢將大受影響。

三、設立部會級的福利機構（稱之為「社會部」或「全民福利委員會」），專責社會福利事宜。據告，目前負責勞工福利的內政部勞工司僅有員額二十五人，實不足擔負重責，而公教、農、礦、漁民等福利職掌也分散於各行政機構，缺乏統一協調。這些事權若能集中，在施政效果上勢將大為提高。另外，福利事宜還應做進一步擴張，除勞工、農漁民、公教人員福利外，如消費者福利、生態保護、學前教育及幼兒養育、男女平權或女權保障、少數民族福利等業務，均應囊括其中。

四、在勞資結構方面，決策民主化、資本大眾化與員工股東化的政策目標均應進一步加強。目前東、西歐各國在這方面已累積許多值得參考的經驗，最前進者如南斯拉夫的工廠集體所有制（工人直接治廠，由工人委員會延聘經理負責管理業務），西德的勞資共治制（勞資雙方在企業決策上擁有對等的地位，經代表們的民主協商，決定企業內部的政策運行），瑞典的社區民眾、企業勞工聯合參與制（各企業需將部分盈利撥交勞工及該地區民眾所控制的基金會，用於購買企業股票，基金會則派代表加入董事會參與決策），都頗值得吾人深思。最近美國東方航空公司以減薪等讓步手段，換得公司四分之一的股權和董事會百分之十五的席位給工人，也是工業民主的先聲。與上述經驗比較，政府新近通過的勞基法還應進一步改革，勞方參與企業決策之權也應獲得進一步保障。除了肯定工會組織的作用外，應規定各企業提交一部份股權給勞工，並允許勞工代表加入董事會（其分配比例依企業規模及工運發展階段而做彈性運用）。此外，臺灣的工運發展應注意避免走上美國工會擅權的窠臼，動輒以罷工、怠工手段威脅加薪。臺灣應吸取日本勞資關係的經驗，以增進勞工福祉，促進勞資和諧爲旨。在手段上，則必須妥善運用勞工股東化的原則，使生產者工作意願提高，同時亦應開放決策權給勞工代表，使其了解公司財務及營運狀況，惟有參與感形成後，勞資磨擦才會減少。當然，此一改革方向還牽涉到企業家私心自用的問題，而財務結構是否健全、公司付稅情況是否可以公開等，也是重要的因素。但執政者與民意代表的眞正心願，才是促進工業民主化的最重要關鍵。

五、在工會運動的發展方面，政治化的潮流將會加劇，過去三十多年來壓抑工會發展的歷史則難以延續。在未來政黨體系的發展中，隨著各政黨的福利政策與工運觀點，工會勢力將日益分殊。在極端的情況下，甚至可能衍生出法國式的工會體系（法國有三大全國性工會，即稟持激進社會主義立場的「工人民主聯合會」，支持共黨的「總工會」，和接近社會黨的「工人力量總工會」。其政治立場及階層背景皆不相同）。就臺灣的特殊情況而言，立場激進的左翼工運雖不易出現，但基於不同的利益考慮及階層立場而日趨歧異，則不易避免。針對朝野各黨派對勞工及資本家的態度，工會的政治立場也將漸形明顯，如果執政黨未能在勞資關係中扮演較大的平衡角色，工會很可能會走上政治化的道路，強化其與在野黨的聯繫。因此如何淡化工會的政治色彩，如何強化工會運動的自主性，實爲今後臺灣勞工政策的重要課題。

六、對日益困頓的各行業，政府應提供積極的保障。這些行業包括煤礦工業、漁業和農業，其中煤礦早已不具開採價值，而且危險性極高，政府應摒棄羈絆，及早輔導全體礦工轉業。就政府當前的能力而言，人數僅及全臺千分之一人口的礦工問題實不難解決，關鍵在於社會福利支出是否配合，以及經濟政策是否能及時調適而已。政府的誠心與決心，應爲其中最大的保證。

在漁業方面，近年層出不窮的南洋各國扣留漁民事件，始終未得解決，漁會功能也始終無積極的成長。政府除應允許漁民自組協會，強化其與資方談判之權外，還應鼓勵擴大漁船噸數與漁業公司的規模，必要時並實施海軍護漁，使漁民生計獲得確保。另外，漁民平安及健康保險計劃自應及早實施。

在農民方面，政府的保障是農業發展的最大依賴。在大幅度進口美國農產品的同時，政府應課附加捐，做爲補償農民損失之用。農產保證價格不應以市價爲參考基準，宜提高至維持農民生計爲基準。在這方面國府又應學習日本的經驗，積極保障農業所得，使本國農業不受進口農產品的摧殘。因此政策考慮的著重點不只在農業生產的「效率」，而應在維護農業生機、維持農村穩定的政策「效果」。試想如果農村凋蔽的現象不能及早遏止，日後糧食供應問題一旦發生時再思救濟，就難以解決了。

從上述的觀察可知，社會福利與經濟民主將是社會發展及政治穩定的關鍵，重要性目前雖不顯著，卻爲日後各政黨與政治團體爭取民心的焦點，屆時三民主義的福利國家理想終將落實。我們且拭目以待，看中華民國在二十一世紀放出異彩！

滄海叢刊已刊行書目(八)

書名	作者	類別
文學欣賞的靈魂	劉述先	西洋文學
西洋兒童文學史	葉詠琍	西洋文學
現代藝術哲學	孫旗譯	藝術
音樂人生	黃友棣	音樂
音樂與我	趙琴	音樂
音樂伴我遊	趙琴	音樂
爐邊閒話	李抱忱	音樂
琴臺碎語	黃友棣	音樂
音樂隨筆	趙琴	音樂
樂林蓽露	黃友棣	音樂
樂谷鳴泉	黃友棣	音樂
樂韻飄香	黃友棣	音樂
樂圃長春	黃友棣	音樂
色彩基礎	何耀宗	美術
水彩技巧與創作	劉其偉	美術
繪畫隨筆	陳景容	美術
素描的技法	陳景容	美術
人體工學與安全	劉其偉	美術
立體造形基本設計	張長傑	美術
工藝材料	李鈞棫	美術
石膏工藝	李鈞棫	美術
裝飾工藝	張長傑	美術
都市計劃概論	王紀鯤	建築
建築設計方法	陳政雄	建築
建築基本畫	陳榮美 楊麗黛	建築
建築鋼屋架結構設計	王萬雄	建築
中國的建築藝術	張紹載	建築
室內環境設計	李琬琬	建築
現代工藝概論	張長傑	雕刻
藤竹工	張長傑	雕刻
戲劇藝術之發展及其原理	趙如琳譯	戲劇
戲劇編寫法	方寸	戲劇
時代的經驗	汪琪 彭家發	新聞
大衆傳播的挑戰	石永貴	新聞
書法與心理	高尚仁	心理

滄海叢刊已刊行書目(七)

書名	作者	類別
印度文學歷代名著選(上)(下)	糜文開編譯	文學
寒山子研究	陳慧劍	文學
魯迅這個人	劉心皇	文學
孟學的現代意義	王支洪	文學
比較詩學	葉維廉	比較文學
結構主義與中國文學	周英雄	比較文學
主題學研究論文集	陳鵬翔主編	比較文學
中國小説比較研究	侯健	比較文學
現象學與文學批評	鄭樹森編	比較文學
記號詩學	古添洪	比較文學
中美文學因緣	鄭樹森編	比較文學
文學因緣	鄭樹森	比較文學
比較文學理論與實踐	張漢良	比較文學
韓非子析論	謝雲飛	中國文學
陶淵明評論	李辰冬	中國文學
中國文學論叢	錢穆	中國文學
文學新論	李辰冬	中國文學
離騷九歌九章淺釋	繆天華	中國文學
苕華詞與人間詞話述評	王宗樂	中國文學
杜甫作品繫年	李辰冬	中國文學
元曲六大家	應裕康 王忠林	中國文學
詩經研讀指導	裴普賢	中國文學
迦陵談詩二集	葉嘉瑩	中國文學
莊子及其文學	黃錦鋐	中國文學
歐陽修詩本義研究	裴普賢	中國文學
清真詞研究	王支洪	中國文學
宋儒風範	董金裕	中國文學
紅樓夢的文學價值	羅盤	中國文學
四説論叢	羅盤	中國文學
中國文學鑑賞舉隅	黃慶萱 許家鸞	中國文學
牛李黨爭與唐代文學	傅錫壬	中國文學
增訂江皋集	吳俊升	中國文學
浮士德研究	李辰冬譯	西洋文學
蘇忍尼辛選集	劉安雲譯	西洋文學

滄海叢刊已刊行書目㈥

書名	作者	類別
累廬聲氣集	姜超嶽	文學
實用文纂	姜超嶽	文學
林下生涯	姜超嶽	文學
材與不材之間	王邦雄	文學
人生小語㈠㈡	何秀煌	文學
兒童文學	葉詠琍	文學
印度文學歷代名著選(上)(下)	糜文開編譯	文學
寒山子研究	陳慧劍	文學
魯迅這個人	劉心皇	文學
孟學的現代意義	王支洪	文學
比較詩學	葉維廉	比較文學
結構主義與中國文學	周英雄	比較文學
主題學研究論文集	陳鵬翔主編	比較文學
中國小說比較研究	侯健	比較文學
現象學與文學批評	鄭樹森編	比較文學
記號詩學	古添洪	比較文學
中美文學因緣	鄭樹森編	比較文學
比較文學理論與實踐	張漢良	比較文學
韓非子析論	謝雲飛	中國文學
陶淵明評論	李辰冬	中國文學
中國文學論叢	錢穆	中國文學
文學新論	李辰冬	中國文學
離騷九歌九章淺釋	繆天華	中國文學
苕華詞與人間詞話述評	王宗樂	中國文學
杜甫作品繫年	李辰冬	中國文學
元曲六大家	應裕康 王忠林	中國文學
詩經研讀指導	裴普賢	中國文學
迦陵談詩二集	葉嘉瑩	中國文學
莊子及其文學	黃錦鋐	中國文學
歐陽修詩本義研究	裴普賢	中國文學
清真詞研究	王支洪	中國文學
宋儒風範	董金裕	中國文學
紅樓夢的文學價值	羅盤	中國文學
四說論叢	羅盤	中國文學
中國文學鑑賞舉隅	黃慶萱 許家鸞	中國文學

滄海叢刊已刊行書目(五)

書名	作者	類別
往日旋律	幼柏	文學
現實的探索	陳銘磻 編	文學
金排附	鍾延豪	文學
放鷹	吳錦發	文學
黃巢殺人八百萬	宋澤萊	文學
燈下燈	蕭蕭	文學
陽關千唱	陳煌	文學
種籽	向陽	文學
泥土的香味	彭瑞金	文學
無緣廟	陳艷秋	文學
鄉事	林清玄	文學
余忠雄的春天	鍾鐵民	文學
卡薩爾斯之琴	葉石濤	文學
青囊夜燈	許振江	文學
我永遠年輕	唐文標	文學
分析文學	陳啓佑	文學
思想起	陌上塵	文學
心酸記	李喬	文學
離訣	林蒼鬱	文學
孤獨園	林蒼鬱	文學
托塔少年	林文欽 編	文學
北美情逅	卜貴美	文學
女兵自傳	謝冰瑩	文學
抗戰日記	謝冰瑩	文學
我在日本	謝冰瑩	文學
給青年朋友的信(上)(下)	謝冰瑩	文學
孤寂中的廻響	洛夫	文學
火天使	趙衛民	文學
無塵的鏡子	張默	文學
大漢心聲	張起鈞	文學
囘首叫雲飛起	羊令野	文學
康莊有待	向陽	文學
情愛與文學	周伯乃	文學
湍流偶拾	繆天華	文學
文學之旅	蕭傳文	文學
鼓瑟集	幼柏	文學
文學邊緣	周玉山	文學
大陸文藝新探	周玉山	文學

滄海叢刊已刊行書目㈣

書名	作者	類別
精忠岳飛傳	李安	傳記
八十憶雙親 師友雜憶 合刊	錢穆	傳記
困勉強狷八十年	陶百川	傳記
中國歷史精神	錢穆	史學
國史新論	錢穆	史學
與西方史家論中國史學	杜維運	史學
清代史學與史家	杜維運	史學
中國文字學	潘重規	語言
中國聲韻學	潘重規 陳紹棠	語言
文學與音律	謝雲飛	語言
還鄉夢的幻滅	賴景瑚	文學
葫蘆・再見	鄭明娳	文學
大地之歌	大地詩社	文學
青春	葉蟬貞	文學
比較文學的墾拓在臺灣	古添洪 陳慧樺 主編	文學
從比較神話到文學	古添洪 陳慧樺	文學
解構批評論集	廖炳惠	文學
牧場的情思	張媛媛	文學
萍踪憶語	賴景瑚	文學
讀書與生活	琦君	文學
中西文學關係研究	王潤華	文學
文開隨筆	糜文開	文學
知識之劍	陳鼎環	文學
野草詞	韋瀚章	文學
李韶歌詞集	李韶	文學
現代散文欣賞	鄭明娳	文學
現代文學評論	亞菁	文學
三十年代作家論	姜穆	文學
當代臺灣作家論	何欣	文學
藍天白雲集	梁容若	文學
思齊集	鄭彥棻	文學
寫作是藝術	張秀亞	文學
孟武自選文集	薩孟武	文學
小說創作論	羅盤	文學
細讀現代小說	張素貞	文學

滄海叢刊已刊行書目(三)

書名	作者	類別
世界局勢與中國文化	錢穆	社會
國家論	薩孟武譯	社會
紅樓夢與中國舊家庭	薩孟武	社會
社會學與中國研究	蔡文輝	社會
我國社會的變遷與發展	朱岑樓主編	社會
開放的多元社會	楊國樞	社會
社會、文化和知識份子	葉啓政	社會
臺灣與美國社會問題	蔡文輝 蕭新煌 主編	社會
日本社會的結構	福武直著 王世雄譯	社會
財經文存	王作榮	經濟
財經時論	楊道淮	經濟
中國歷代政治得失	錢穆	政治
周禮的政治思想	周世輔 周文湘	政治
儒家政論衍義	薩孟武	政治
先秦政治思想史	梁啓超原著 賈馥茗標點	政治
當代中國與民主	周陽山	政治
中國現代軍事史	劉馥著 梅寅生譯	軍事
憲法論集	林紀東	法律
憲法論叢	鄭彥棻	法律
師友風義	鄭彥棻	歷史
黃帝	錢穆	歷史
歷史與人物	吳相湘	歷史
歷史與文化論叢	錢穆	歷史
歷史圈外	朱桂	歷史
中國人的故事	夏雨人	歷史
老臺灣	陳冠學	歷史
古史地理論叢	錢穆	歷史
秦漢史	錢穆	歷史
我這半生	毛振翔	歷史
三生有幸	吳相湘	傳記
弘一大師傳	陳慧劍	傳記
蘇曼殊大師新傳	劉心皇	傳記
當代佛門人物	陳慧劍	傳記
孤兒心影錄	張國柱	傳記

滄海叢刊已刊行書目(二)

書名	作者	類別
老子的哲學	王邦雄	中國哲學
孔學漫談	余家菊	中國哲學
中庸誠的哲學	吳怡	中國哲學
哲學演講錄	吳怡	中國哲學
墨家的哲學方法	鐘友聯	中國哲學
韓非子的哲學	王邦雄	中國哲學
墨家哲學	蔡仁厚	中國哲學
知識、理性與生命	孫寶琛	中國哲學
逍遙的莊子	吳怡	中國哲學
中國哲學的生命和方法	吳怡	中國哲學
儒家與現代中國	韋政通	中國哲學
希臘哲學趣談	鄔昆如	西洋哲學
中世哲學趣談	鄔昆如	西洋哲學
近代哲學趣談	鄔昆如	西洋哲學
現代哲學趣談	鄔昆如	西洋哲學
現代哲學述評(一)	傅佩榮譯	西洋哲學
董仲舒	韋政通	世界哲學家
程顥・程頤	李日章	世界哲學家
狄爾泰	張旺山	世界哲學家
思想的貧困	韋政通	思想
佛學研究	周中一	佛學
佛學論著	周中一	佛學
現代佛學原理	鄭金德	佛學
禪話	周中一	佛學
天人之際	李杏邨	佛學
公案禪語	吳怡	佛學
佛教思想新論	楊惠南	佛學
禪學講話	芝峯法師譯	佛學
圓滿生命的實現(布施波羅蜜)	陳柏達	佛學
絕對與圓融	霍韜晦	佛學
佛學研究指南	關世謙譯	佛學
當代學人談佛教	楊惠南編	佛學
不疑不懼	王洪鈞	教育
文化與教育	錢穆	教育
教育叢談	上官業佑	教育
印度文化十八篇	糜文開	社會
中華文化十二講	錢穆	社會
清代科舉	劉兆璸	社會

滄海叢刊已刊行書目(一)

書名	作者	類別
國父道德言論類輯	陳立夫	國父遺教
中國學術思想史論叢(一)(二)(三)(四)(五)(六)(七)(八)	錢穆	國學
現代中國學術論衡	錢穆	國學
兩漢經學今古文平議	錢穆	國學
朱子學提綱	錢穆	國學
先秦諸子繫年	錢穆	國學
先秦諸子論叢	唐端正	國學
先秦諸子論叢(續篇)	唐端正	國學
儒學傳統與文化創新	黃俊傑	國學
宋代理學三書隨劄	錢穆	國學
莊子纂箋	錢穆	國學
湖上閒思錄	錢穆	哲學
人生十論	錢穆	哲學
中國百位哲學家	黎建球	哲學
西洋百位哲學家	鄔昆如	哲學
現代存在思想家	項退結	哲學
比較哲學與文化(一)(二)	吳森	哲學
文化哲學講錄(一)(二)(三)(四)	鄔昆如	哲學
哲學淺論	張康譯	哲學
哲學十大問題	鄔昆如	哲學
哲學智慧的尋求	何秀煌	哲學
哲學的智慧與歷史的聰明	何秀煌	哲學
內心悅樂之源泉	吳經熊	哲學
從西方哲學到禪佛教 —「哲學與宗教」一集—	傅偉勳	哲學
批判的繼承與創造的發展 —「哲學與宗教二集」—	傅偉勳	哲學
愛的哲學	蘇昌美	哲學
是與非	張身華譯	哲學
語言哲學	劉福增	哲學
邏輯與設基法	劉福增	哲學
知識·邏輯·科學哲學	林正弘	哲學
中國管理哲學	曾仕强	哲學